LAS OCHO DISCIPLINAS DEL DRAGÓN

BORJA PASCUAL

www.ochodisciplinasdragon.guiaburros.es

© EDITATUM

© BORJA PASCUAL

Queda prohibida, salvo excepción prevista en la ley, cualquier forma de reproducción, distribución, comunicación pública y transformación de esta obra sin contar con la autorización de los titulares de propiedad intelectual. La infracción de los derechos mencionados puede ser constitutiva de delito contra la propiedad intelectual (art. 270 y siguientes del Código Penal). El Centro Español de Derechos Reprográficos (CEDRO) vela por el respeto de los citados derechos.

En la redacción del presente libro mencionamos logotipos, nombres comerciales y marcas de ciertas empresas u organizaciones, cuyos derechos pertenecen a sus respectivos dueños. Este uso se hace en virtud del Artículo 37 de la actual Ley 17/2001, de 7 de diciembre, de Marcas, sin que esta utilización suponga relación alguna del presente libro con las mencionadas marcas ni con sus legítimos propietarios. En ningún caso estas menciones deben ser consideradas como recomendación, distribución o patrocinio de los productos y/o servicios o, en general, contenidos titularidad de terceros.

Diseño de cubierta: © LOOKING4

Maquetación de interior: © EDITATUM

Primera edición: Mayo de 2019

ISBN: 978-84-120556-0-3

Depósito legal: M-18869-2019

IMPRESO EN ESPAÑA/ PRINTED IN SPAIN

Si después de leer este libro, lo ha considerado como útil e interesante, le agradeceríamos que hiciera sobre él una **reseña honesta en Amazon** y nos enviara un e-mail a **opiniones@guia-burros.com** para poder, desde la editorial, enviarle **como regalo otro libro de nuestra colección.**

Agradecimientos

A mi padre, que tantas veces me ha enseñado a pescar.

Sobre el autor

Borja Pascual es presidente de la Asociación Nacional de Nuevas Empresas, Roamers, Emprendedores y Autónomos, a**Nerea**. Es fundador y CEO de **GRUPORUM**, grupo de empresas dedicadas a ofrecer servicios profesionales.

Dirige Mundo Emprende, el portal de comunicación referencia para pymes y autónomos y dirige y presenta desde hace varios años el programa de radio del mismo nombre. Colabora habitualmente en diferentes medios de comunicación.

Informático de profesión, pero siempre más interesado en la gestión de proyectos, en la comunicación y el marketing, en el desarrollo de nuevos canales, en la gestión de objetivos y en el desarrollo de nuevas ideas y modelos de negocio.

Es autor de *Ahorra o Nunca*, como ahorrar y sacar el máximo partido a tus ahorros, de *Empresario o Emperdedor*, 10 errores que nunca debe cometer en su negocio, *GuíaBurros Autónomos* y *GuíaBurros El Arte de la Prudencia*, todos de la editorial EDITATUM y de *Cómo montar un negocio online* de la editorial ALMUZARA.

Índice

Cuando el manual me descubre	11
Las ocho disciplinas del Dragón	31
Primera disciplina: Mira en tu interior	39
Segunda disciplina: Mira a tu alrededor	51
Tercera disciplina: Cambia la mirada	63
Cuarta disciplina: Gestiona tu riqueza	75
Quinta disciplina: Siembra en todas las estaciones	87
Sexta disciplina: Provoca al universo	99
Séptima disciplina: Mejora la mejora	113
Octava disciplina: Tigre, serpiente, conejo	125
Los primeros pasos del dragón	135

Cuando el manual me descubre

Empieza la aventura

Era el verano de 1989 cuando mi vida estaba preparándose para una gran aventura, que con el tiempo se convertiría en uno de esos puntos de inflexión que cambian para siempre la manera que tenemos de estar en el mundo.

A finales de agosto debía volar a Estados Unidos para estudiar allí segundo de BUP, un curso completo. Tenía entonces solo catorce años aunque ya llevaba dos viajando a Inglaterra en verano, y es que mi primer viaje solo al extranjero fue con once años.

Este empeño de mis padres por que aprendiera inglés me trajo tres cosas importantes: la primera, por supuesto, poder hablar, leer y escribir en inglés sin ningún problema, pero además —y sería la segunda—, me dio la oportunidad de expandir mi mundo y mi cabeza, ya con tan pocos años. También me permitió darme cuenta de la existencia de otras realidades, de lo grande que es el mundo y de lo pequeños que son los problemas.

Y sobre la tercera cosa importante que me dieron mis padres con tanto esfuerzo, económico y sentimental, me consta que a mi madre se le caía el alma a los pies solo de pensar que iba a estar un año fuera a tantos kilómetros. Es sobre lo que trata esta obra; en resumen, de cómo un libro, un método y unas enseñanzas me cambiaron la vida.

Los días de agosto pasaban y no recibíamos la ansiada llamada que nos dijera: «Ya tienes familia de acogida para tu año en Estados Unidos». Esta llamada supondría saber dónde, en qué estado, en que ciudad, que tipo de familia, etc… Un montón de información que me permitiría ir haciéndome una idea de cómo iban a ser los próximos meses alejado de mi familia, conociendo una cultura diferente y conviviendo con gente completamente desconocida para mí.

A diez días de la salida prevista seguíamos sin noticias y empezamos a ponernos nerviosos. El curso ya estaba contratado y pagado, pero continuábamos esperando. Otro compañero de clase que se había apuntado conmigo ya tenía familia y destino, y estaba preparando el viaje mientras nosotros todavía vivíamos en la angustia de no saber si se iba a producir.

Recuerdo días de nervios, con continuas llamadas a la empresa que lo organizaba y al director del colegio por el que habíamos llegado a esta empresa para organizar un viaje tan importante.

Parece que había problemas; muchas otras familias estaban en la misma situación, la empresa encargada en Estados Unidos de buscar las familias de acogida tenía problemas para conseguirlas. Más tarde sabríamos que, además, estaban a punto de quebrar.

Mi madre no desistió ni un minuto; insistió e insistió, y a solo dos día de la salida nos asignaron una familia y nos confirmaron el viaje. He de decir que, según supimos después, otros muchos niños se quedaron en tierra y no llegaron a vivir esta experiencia, al menos durante ese año.

Y así es como comienza esta aventura, que me llevaría a miles de kilómetros de mi casa para descubrir, entre otras cosas, una cultura y una manera de afrontar la vida totalmente desconocida para mí en ese momento.

La vida siempre te sorprende

Con solo dos días para preparar el viaje poco pudimos hacer. Sabíamos que el destino era Altoona, en Pensilvania, en casa de una familia con tres hijos, dos niñas y un niño de seis, cinco y tres años. Y la verdad, poca cosa más pudimos averiguar.

Después llegó el viaje de Madrid a Nueva York con el resto de niños del programa, dos días de estancia en Nueva York, y de allí, un vuelo a Pittsburg para finalizar en una especie de avioneta hasta Altoona.

Al llegar, esperándome en el aeropuerto, mi familia americana, pero con algún detalle que no habíamos contemplado: no era la típica familia americana que uno se puede imaginar, de esas que salen en las películas…

Ella era de origen italiano, joven y guapa; él, claramente de origen asiático, mayor, bajo y gordo, con cara amable, aupando a su hijo pequeño al que la extraña mezcla de razas lo hacía realmente adorable. Las dos niñas me miraban sin entender muy bien qué hacían allí, en el aeropuerto, esperando a alguien que no conocían, y que iba a vivir en su casa los próximos 330 días…

Para mí, sorpresa mayúscula. Eran pocos los orientales que había visto en mi vida; en España todavía no habían llegado de manera masiva y eran algo muy exótico.

Eran ellos, no había duda. Sostenían un cartel donde ponía mi nombre, esa era la familia con la que pasaría el próximo año de mi vida. Pero las sorpresas no terminaron aquí. De hecho, ya nunca terminarían.

Poco a poco me fui acercando. Roberto, que así se hacía llamar mi padre de acogida, dio un paso al frente, y en un perfecto castellano me dio la bienvenida. Lo primero que pensé es lo poco que esto le iba a gustar a mis padres: hablaban castellano.

Sin embargo este detalle sería fundamental durante las primeras semanas, en las que llamaba a casa a cobro revertido y no podía hablar claramente con mi madre, que me preguntaba sobre la familia, el lugar, la casa, y recibía contestaciones escuetas sin mucha información adicional ya que tenía miedo de que me pudieran escuchar y entender.

Fue en la primera carta, que envié al día siguiente de llegar, donde les contaba todo lo sucedido y lo peculiar de mi familia, una situación que con el tiempo ha dado mucho de sí, muchas bromas y recuerdos de esas primeras semanas sin poder hablar claro.

¿Y por qué se llamaba Roberto Smith si era claramente de origen oriental? ¿Por qué hablaba español? Pues todo tenía una explicación: había viajado de China a Nicaragua para un trabajo diplomático, adoptando el nombre de Roberto a causa de que su nombre chino era muy complicado de pronunciar. Diez años después de su llegada a Nicaragua y justo antes de la llegada del régimen revolucionario en 1979, aprovechó un viaje comercial a Estados Unidos para quedarse en el país y comenzar su nueva vida.

Como pude ir descubriendo con el tiempo, Roberto Smith era todo un personaje. Como anécdota, deciros que fui elegido para ir a su familia solo porque mi cumpleaños, el 11 de septiembre, coincidía con el suyo, y supo ver en este dato cierta conexión entre nosotros.

Más tarde descubrí que prácticamente fui allí gracias a un favor, algo que le pidieron a Roberto a la desesperada para poder mandar un niño más, el último que consiguió familia antes de que la empresa americana tuviera que cerrar.

El primer mes

El primer mes pasó rápido; entre llegar, ir conociendo a toda la familia —la familia de ella, claro, pues él no tenía a nadie en Estados Unidos— y comenzar el instituto, los días fueron pasando. Eso sí, con dolor de cabeza por estar siempre concentrado para entender a todos y coger el ritmo de la vida diaria.

Ese mes lo pasé prácticamente solo con Felisa —que así se llamaba la madre— y con los niños: Elisha, Geny y el pequeño Roberto. Fueron días intensos de continuos descubrimientos y donde no eché de menos a mi padre de acogida, que por su trabajo estaba largas temporadas de viaje.

Probé la vida americana, la típica casa de tres plantas y sótano con jardín, el coche familiar que parecía un tanque, desproporcionadamente grande en comparación con lo que veíamos en España, los *malls* o centros comerciales, los restaurantes de comida rápida e incluso una visita a la bolera; vamos, todo lo que uno podía esperar de una familia americana.

El instituto también estuvo lleno de tópicos. El segundo día ya estaba jugando al *soccer*, como llaman ellos a nuestro fútbol, y de ser uno más en España pasé a ser el mejor del estado. Un modelo de formación con elección de asignaturas en el nivel que tuvieras y muchos amigos nuevos acercándose al estudiante exótico.

Claramente, este fue mi mes de inmersión en la cultura americana, dentro de una familia americana cien por cien típica, salvando al jefe de familia que, como decía, apareció solo un par de días en ese mes que me llevó de un tópico a otro.

Poco a poco fui descubriendo mi independencia, empecé a quedar con compañeros del instituto para jugar al fútbol, también tuve mi primera fiesta de la cerveza en un bosque cercano y —cómo no—, un viaje en coche conducido por un compañero que acababa de cumplir los dieciséis años; vamos, toda una aventura para mí.

Recuerdo que por la noche caía exhausto; tenía mucha actividad y concentración para no perderme una conversación o un detalle que me introdujera en una nueva costumbre o manera de vivir de ese país que me tenía fascinado.

Y así, sin darme cuenta, pasó un mes y ya estaba integrado en lo que creía iba a ser mi vida diaria durante el próximo año, ya había conseguido entrar en una *cuasi* rutina que me permitía relajarme un poco.

El segundo mes

Octubre comenzó con mi primera fiesta en una casa, igualita que en las películas: miles de coches aparcados en la entrada, bloqueándose unos a los otros, y la casa familiar llena de jóvenes bebiendo cerveza.

Chad, un joven americano de origen alemán, que se había convertido ya en mi mejor amigo allí, me invitó a esta fiesta de un amigo suyo, exalumno del instituto y jugador de *soccer* que ahora estudiaba en la universidad con beca deportiva. Eran los tan típicos estudiantes universitarios americanos.

La gran sorpresa de esa fiesta me la llevé al ver salir de la ducha a mi amigo con una compañera del instituto, ambos con no más de dieciséis años, y que por lo que parecía ya con esa edad mantenían relaciones sexuales con toda normalidad, algo que para mí, aunque conocía los mitos americanos, era totalmente impensable.

Así, poco a poco, fui pasando por todos los mitos americanos. Si hubiera sido al revés, yo un americano viviendo en España, habría conocido un torero…

Y como no, llegó Halloween, con la decoración de la casa, el *tour* del *trick or treat* con los niños disfrazados por el barrio pidiendo caramelos y dulces, los amigos, y un monovolumen lleno de huevos para tirar en diferentes casas que después supe correspondían a profesores del instituto; vamos, el *pack* turístico completo.

Lo pasé genial durante estos dos primeros meses. El inglés ya no era problema, e incluso me descubría pensando en este idioma y teniendo que pararme a traducir cuando hablaba con mis padres por teléfono.

Roberto pasó también pocos días de octubre en Altoona. Sus compromisos laborales le mantenían ocupado en diferentes ciudades americanas, pero la verdad es que no sabía bien a qué se dedicaba «oficialmente». Cuando hicimos las presentaciones me dijo que era un *coach*, algo que para mí solo tenía sentido en el ámbito del deporte, pero en realidad pensé poco en ello. Para mi familia en España él era entrenador, la traducción que en ese momento yo les hice, y poca cosa más.

Lo que sí sabía ya es que era una persona respetada en la comunidad: tenía fotos en el salón de autoridades locales, empresas y empresarios, alguna foto también en fiestas elegantes con Felicia, una mujer alta y muy atractiva que, vestida con traje de noche, llamaba la atención, y más aún cuando al lado, pero muy por debajo de ella, aparecía Roberto, un hombre pequeño, redondito y sin ningún gusto para vestir.

Y sí —lo confieso—, desde el primer momento pensé que no entendía qué hacía aquella mujer tan alta, guapa y elegante con un hombre como aquel, con una diferencia de edad tan grande, de otra raza y con una cultura totalmente diferente.

Pero —¡las cosas que te enseña la vida!— con el tiempo pude llegar a entenderlo; Roberto era mucho más de lo que su cuerpo y su aspecto dejaban ver a simple vista.

El tercer mes

Ya estábamos entrando en noviembre, un mes importante para los americanos, ya que es el mes del *Thanksgiving*, una fiesta que para algunos es más importante que la mismísima Navidad.

Sin embargo, para mí fue trascendental por otra razón: algo tan simple como el descubrimiento del sótano de la casa, también muy típico, con escaleras empinadas desde una puertecita en la cocina.

Y es que un día que salí con los amigos hasta tarde, al volver a casa y buscar algo de comer en la cocina, vi luz que salía del sótano, una estancia de la casa a la que nunca había bajado y que realmente no había llamado mi atención. En ese mismo momento lo tuve claro: tenía que organizar una expedición de reconocimiento; no en vano el resto de la casa ya me la conocía de arriba abajo.

Y así, un par de días después se dio la circunstancia; estaba solo en casa y tenía tiempo para echar un vistazo. Debo reconocer que las películas de miedo han hecho mucho daño a los sótanos de las casas americanas. Solo el hecho de abrir la puerta y encender la luz ya daba mucho miedo.

Fui bajando las escaleras, y lejos de encontrar un sótano oscuro, a medio hacer y lleno de polvo, que es lo que me esperaba, empecé a darme cuenta que entraba en un lugar que nada tenía que ver con el resto de la casa.

La decoración china era evidente, minimalista; pude ver algún diploma en chino, un mural con un gran árbol, banderolas con letras chinas, una pared llena de libros, todo en una gran sala con un *tatami*.

Cuando me quise dar cuenta ya habían pasado los treinta minutos que podía dedicar a esta expedición, debía salir al entrenamiento de *soccer* y ya sonaba la bocina del coche de Chad que pasaba siempre a recogerme. Salí a toda prisa cerrando la puerta tras de mí.

No pensé mucho más en lo que encontré allí abajo el resto de la semana, pero cuando llegó el fin de semana Roberto se acercó a mí cuando estábamos desayunando y me pregunto: «¿Te gustó lo que encontraste en el sótano?». Yo me quedé sorprendido. ¿Cómo sabía que había bajado? ¿Tal vez toqué o moví algo de sitio?

Roberto, al ver mi cara de susto, enseguida me dijo: «No estoy enfadado; solo me preocupa que hayas tardado más de dos meses en bajar. ¿Qué le han hecho a tu Dragón?».

Mi cara pasó del susto a la sorpresa, y aunque seguí mirándole durante todo el desayuno ya no me dijo nada más.

Y así es como mi curiosidad se desbordó definitivamente. ¿Qué era todo aquello? ¿Qué era eso del Dragón? ¿Quién era Roberto, mi padre de acogida?

Al día siguiente, cuando conseguí fuerzas para volver a bajar, encontré en el centro de la sala un libro en chino con una nota que decía: «Traduje anoche este libro para que puedas comenzar tu camino».

El solo hecho de tener un libro y una nota preparadas para mí me asustó. Instintivamente miré para los lados y dejé el libro en el *tatami*. Sentí pánico y salí a todo correr de esa estancia tan enigmática de la casa.

Empieza mi historia

Pasaron varias semanas antes de que mi mente volviera a ese sótano. Llegó *Thanksgiving*: la familia, las celebraciones, un campeonato estatal de fútbol sala, mucho ajetreo que me permitió mantenerme lejos del sótano y de ese libro tan enigmático que esperaba ser leído.

Al volver la rutina ya no podía dejar de pensar en bajar a aquella sala y volver a mirar, a hojear aquel libro viejo y destartalado que habían preparado para mí y que tan descortésmente yo había ignorado.

Mi resistencia no fue mucha, y el primer día que me encontré solo en casa decidí bajar al sótano. Respiré hondo y descendí las empinadas escaleras que te transportaban de Estados Unidos a lo que debía ser un trocito de China. Cuando llegué abajo, el libro ya no estaba en el *tatami*; me sorprendió, y eso que habían pasado más de dos semanas desde mi última incursión. ¿Qué esperaba? ¿Que el libro siguiera allí para mí, indefinidamente? «Me lo tengo bien merecido», pensé.

Sin embargo no me resistí a buscarlo; miré por las estanterías abarrotadas de libros y pergaminos enrollados. No solo había libros en chino; también encontré libros de diferentes autores en inglés y en español, pero mi libro rojo, viejo y destartalado, no aparecía por ningún lado, y —ahora sí— me moría de curiosidad, me preguntaba por la reacción de Roberto al comprobar mi desinterés por su ofrecimiento, y me empecé a sentir culpable.

Se volvió a escapar el tiempo entre mis dedos. Esa estancia de la casa tenía ese poder. Ya sonaba la bocina del monovolumen de Chad que avisaba a todo el vecindario que debíamos ir a entrenar. Me apresuré a salir de allí y seguir con mi rutina cuando en la puerta del sótano, por dentro, encontré un cartel que no había visto hasta ese momento. Solo decía: «Bienvenido».

Salí de casa, subí al monovolumen, saludé a mis compañeros y quedé inmerso en la visualización de aquel cartel. ¿Qué me quería decir con un «bienvenido» al salir del sótano? No estaba colocado a la entrada. ¿Tendría algún mensaje oculto? ¿Estaría intentando decirme algo? Fue uno de esos viajes de «teletransporte». Cuando me quise dar cuenta ya estábamos bajando en el campo de fútbol: los quince minutos de viaje habían pasado en un segundo.

No volví a pensar en ello hasta la mañana siguiente. Era sábado y Roberto estaba fuera por trabajo. Felicia y los niños iban a unas actividades de la iglesia y yo tenía la casa para mí solo. Decidí ponerme un café y, claro está, volver a bajar.

Todo parecía estar en su sitio, tal y como estaba el día anterior. Sin embargo, la atmósfera era diferente, tal vez porque era la primera vez que bajaba por la mañana. El aspecto era menos enigmático, más confortable, más familiar.

Decidí tumbarme en el *tatami* y descansar, reflexionar sobre Roberto y esa sala, sobre el libro que me preparó, y de ahí pasé a evaluar la experiencia en Estados Unidos hasta entonces, mi relación con mi familia de acogida y con los amigos del instituto. Tuve tiempo para pensar en mi familia, echarles de menos, pensar en cómo sería el momento del reencuentro, pensar en mis compañeros del colegio en Madrid, en Ángel, el compañero de clase que viajó conmigo hasta Nueva York y que estaría también viviendo una aventura parecida.

Me di cuenta de que, aunque estaba solo en esa sala, me sentía en compañía, como si estuviera charlando con un compañero al que hace mucho tiempo que no ves. Estaba tranquilo y relajado, disfrutando de cada minuto, y cada tema que venía a mi mente era un tema más de conversación.

Volví a buscar entre los libros y me llamó la atención un pequeño libro en chino con anotaciones en inglés. Decidí hojearlo y leer las frases traducidas en los ladillos de las hojas. Frases cortas para mí sin ningún sentido. «Mata con la espada de otro»; «saca al tigre de la montaña»; «descansa cuando el enemigo se agota»; «haz el tonto sin que dejes de ser listo»… y así hasta treinta y seis frases que no tenían mucho sentido y que en algún caso me parecían hasta ridículas.

Empecé a sentir hambre y decidí subir a comer algo. De nuevo el cartel de bienvenida al traspasar la puerta la cocina, pero algo no era normal. Estaba oscuro, pero, ¿qué hora sería? Miré el reloj; eran las 23:30. No podía ser… Llevaba más de doce horas en el sótano y se me habían pasado como minutos. En la encimera de la mesa estaba el plato con mi cena y una nota de Felicia que me recriminaba el no haber avisado de mi ausencia en la comida...

Toda la casa estaba a oscuras, ya debían estar todos acostados. Increíble... No había escuchado absolutamente nada de todo el ruidoso proceso de acostar a los niños.

Decidí sacar la cena al porche y pensar en lo que me había sucedido mirando las estrellas, respirando aire fresco.

Hacía mucho frio, pero el balancín con la manta y la cena calentita me ayudaron a entrar en calor y, sin quererlo, me quedé dormido hasta que los primeros ruidos del vecindario me despertaron. No muy pronto: era domingo...

Dos semanas en la cama

El frío que puede llegar a hacer en Pensylvania es tremendo. Hablamos de muchos grados bajo cero y claro, si pasas toda la noche en el porche, por mucha manta que uses, terminas cogiendo frío.

Es uno de los resfriados más grandes que he cogido en mi vida. Según me levanté del balancín del porche ya sabía que algo no iba bien, que lo que venía no iba a ser normal. Y no lo fue.

A mediodía ya empecé a tener fiebre, y para las seis de la tarde empecé a ver los primeros «enanitos». La fiebre me subió tanto que una realidad paralela desfilaba a mi alrededor.

Unos días más tarde me enteré que había venido hasta el médico, y que me habían pinchado un antitérmico, ya que la fiebre había llegado hasta los cuarenta grados. Felicia se asustó bastante y estuvo conmigo durante toda esa primera noche de delirios y escalofríos. Hasta Roberto pasó a verme antes de salir de viaje otra vez.

No recuerdo nada nítidamente hasta el lunes por la tarde, a eso de las cinco, cuando me desperté y me di cuenta que un gran camión me había atropellado. Tenía todos los músculos del cuerpo doloridos y mucho dolor de oídos, que me hacía sentir como si estuviera en una cápsula y los ruidos del exterior me llegaran mitigados, distorsionados. Me intenté levantar y me debí caer desmayado. Lo siguiente que recuerdo es a Ron, el hermano de Felicia, levantándome y metiéndome de nuevo en la cama.

Parece que el lunes también tuve visita del médico, que volvió a pincharme y me recetó unos antibióticos para los oídos. Tenía una gran otitis, que incluso me había perforado los tímpanos.

Recuerdo poco de esos días. La cabeza me iba muy rápido y viajaba sin control a diferentes lugares reales e imaginarios. También viajó al sótano y encontró personajes muy curiosos, que me enseñaron técnicas orientales para la defensa personal, y esas cosas tan típicas.

El martes por la mañana ya estaba mejor, pero no me atrevía a levantarme. Desayuné unos pocos cereales que me habían dejado preparados en la habitación y comprobé que, aunque seguía magullado y dolorido, los oídos ya no dolían con las punzadas del día anterior. Era un dolor menos intenso y continuo, soportable.

Poco a poco fui cogiendo confianza y empecé a incorporarme. Parecía que la comida me había sentado bien. A las dos horas ya estaba intentando levantarme de la cama con mucho cuidado; necesitaba ir al baño.

Decidí bajar a la primera planta y sentarme en el sillón para cambiar de postura. Estaba cansado de estar tumbado. Además, la televisión podría hacerme compañía. En la casa ya no había nadie, los niños estaban en el colegio y Felicia en su trabajo; volvía a tener la casa para mí solo.

Según bajaba por las escaleras del primer piso a la planta principal tuve que parar un par de veces. Me fallaba el equilibrio y me daba miedo caer escaleras abajo, pero conseguí llegar hasta el salón, y poco a poco, hasta la cocina. Un pequeño descanso, una galleta de chocolate y la puerta del sótano en frente. Pensé que también me podía sentar abajo y descansar, así que sin dudarlo abrí la puerta y empecé a bajar.

Lo siguiente que recuerdo es a Felicia gritando y llamando por teléfono. Vuelta a la inconsciencia y Ron levantándome de nuevo y acostándome un una pequeña cama plegable del sótano. ¿El médico otra vez? Parece que sí.

Me desperté en el sótano, en una pequeña cama que ni siquiera sabía que estaba allí, con todas las medicinas y el agua encima de una pila de libros. Tenía la cabeza dolorida; parece que me había dado un golpe, creo que cayéndome por las escaleras. Decidí hacer caso a la nota que Felicia me había dejado: «Come algo, descansa, no te levantes; si necesitas algo llámame por teléfono. He salido a comprar unas cosas, pero volveré en unos minutos».

Y así fue; enseguida escuché pasos en las escaleras y Felicia apareció a los pies de mi cama con una gran sonrisa que intentaba disimular la preocupación y tensión que acumulaba.

Poco a poco me contó todas las peripecias acontecidas y cómo habían decidido no subirme de nuevo a mi cuarto. El sótano sería mi cuartel general hasta que me recuperara. Debía esperar unos días a que el antibiótico hiciera efecto y mis oídos se recuperaran, que terminara de irse ese ruido seco y constante que sonaba en mi cabeza.

Esa misma tarde ya estaba mucho mejor. Me dio tiempo hasta a aburrirme y eso que tuve muchas visitas: los niños, el hermano y la madre de Felicia, Chad y otro compañero del equipo de fútbol, hasta el profesor de programación, con el que había hecho buenas migas.

Al día siguiente, pronto por la mañana y mucho mejor de mi otitis, decidí levantarme y curiosear por la habitación. No en vano cierta culpa de mi estado la tenía esa misteriosa estancia de la casa.

Todo seguía en su sitio. Solo habían aparecido de la nada mi cama y todos los bártulos: almohadas, cojines, medicinas, ropa... Pero aun así, la habitación seguía manteniendo el orden y el ambiente minimalista, todo seguía perfectamente dispuesto.

Volvía a encontrarme con el libro de las frases en chino traducidas al inglés. Recordé esa sensación de no entender nada, de no ser capaz de ir más allá de la literalidad del texto, de no discriminar si eran frases importantes o simples citas de un almanaque, y decidí volver a darle una oportunidad.

Una hora más tarde seguía igual, pero con una mayor sensación de impotencia. No conseguía ver más allá del texto, y lo volvía a dejar en la estantería justo cuando bajaba Felicia con el desayuno.

Charlamos durante horas. Me contó con todo lujo de detalles los días que en mi cabeza no estaban nítidos; me dijo que había llamado a mi casa y que se tuvo que entender a duras penas con mi hermana Nerea, que algo de inglés hablaba, y que mi madre estaba informada y tranquila. Debía llamarla esa misma noche; conociéndola era capaz de estar ya cruzando el charco para comprobar que estaba bien. Menos mal que lo hice.

Felicia debía volver al trabajo y yo quedarme en el sótano hasta estar del todo recuperado. Volví a la estantería y elegí otro libro, este traducido completamente al inglés: *El arte de la guerra*, de Sun Tzu.

Poco a poco fui cogiendo el gusto a estos libros y aprendiendo cómo sacar enseñanzas de las historias y cuentos que pude ir leyendo, conociendo cada día un poco más de la mentalidad y el pensamiento de esta cultura milenaria.

Y así, a principios de diciembre y rodeado de cultura china y de libros enigmáticos, empezaron mis diez días de transformación.

Las ocho disciplinas del dragón

Un manual de vida

Después de unos días leyendo todo lo que caía en mis manos, volví a levantar la mirada para observar de nuevo mi improvisada habitación. Ya no era algo exótico para mí, ya se había convertido en mi mundo, en el lugar donde uno podía estar tranquilo, donde con un poco de esfuerzo, podía oír mis pensamientos.

Estaba absorto en mi voz interior cuando me di cuenta que el libro rojo, el que dejé caer asustado el primer día que entré a investigar y que ya nunca más fui capaz de encontrar, estaba en un lugar prominente, apoyado junto a uno de los tótems rojos con caracteres chinos. ¿Había estado allí todo este tiempo? ¿Cómo era posible que no lo viera y que ahora, se materializara ante mis ojos?

Me acerqué con miedo. Todo lo que tenía que ver con ese libro me imponía, tenía la sensación de que era mágico, que aparecía y desaparecía. ¡Bendita sugestión!

Lo toqué como quien acaricia un gato, con cariño pero con precaución, preparado para alejar la mano o agarrarlo con fuerza, y poco a poco lo fui haciendo mío: leí el título, me fijé en la portada... Era un libro especial, parecía pintado a mano, no era un libro de imprenta.

Volví al título, *Las ocho disciplinas del dragón*. Recordé las palabras de la nota: «Traduje anoche este libro para que puedas comenzar tu camino», palabras escritas de puño y letra por Roberto. ¿Qué querría decir con «comenzar tu camino»? ¿A dónde me iba a llevar ese camino?

Cuando me quise dar cuenta ya estaba escuchando bullicio en la planta de arriba. Felicia y los niños habían llegado; ahora, como cada día, bajarían por la escaleras para ver cómo estaba y si necesitaba algo. Y así fue.

Guardé el libro debajo de la cama y me coloqué en posición de enfermo para recibir mi dosis diaria de cariño y compañía, algo que agradecía profundamente y que hacía casi perfecta la estancia en aquel sótano sin luz natural y con muy poca ventilación.

Bajó Felicia, bajaron los niños, y al fondo, todavía en la escalera, pude ver a Roberto, que me observaba y sonreía; ya estaba de vuelta. Mi primera reacción fue de vergüenza o miedo; había cogido el libro, él podía ver que ya no estaba donde lo dejó.

Pero estos sentimientos, con niños a tu alrededor se evaporan rápidamente, y en el bullicio de los abrazos, los besos y los dibujos que cada día me regalaban me olvidé de todo y fui feliz, me sentía contento y con ganas de recuperarme para volver a mi día a día, aunque, por prescripción médica aún me quedaban diez días de reposo para curar mis oídos.

Cuando todos se fueron busqué con la mano el libro que había guardado debajo de la cama, y lo sostuve en mis manos. Estaba decidido, de hoy no pasaba: lo abriría y leería hasta el final.

La primera página tenía la nota de Roberto pegada; la volví a leer y pasé la página con el título en inglés. La siguiente página decía:

> ①
> «El que vence a otros es fuerte;
> el que se domina a sí mismo es poderoso»
> Lao Tzu

Tuve que leer varias veces la frase para entender su significado, pero rápidamente pasé la página para seguir adentrándome en el libro que Roberto me había preparado. Comenzaron de nuevo las sorpresas.

La página siguiente estaba en blanco, y la siguiente, y la siguiente... No parecía que hubiera nada más escrito. Volví rápidamente a esa primera página y volví a leer la frase con detenimiento.

No podía ser, tanto misterio para un libro en blanco. ¿Un libro con una sola frase? Una sonrisa llegó a mi cara; pensé: «Claro, así que lo ha traducido en una noche...». Pero no podía ser aquello todo; pasé las páginas con cuidado y pude ver otra página escrita. Ponía «tres»; me había saltado el «dos». Retrocedí hasta descubrir la segunda disciplina del dragón:

— ② —

«Busca respuestas que te guíen a las preguntas»

Rú zhīpín

— ③ —

«El que sigue un camino, encontrará un destino. El que busca caminos, elegirá su destino»

— ④ —

«Vive cada día de tu vida como si fuera el último… Un día acertarás»

— ⑤ —

«El mejor momento para plantar un árbol fue hace veinte años. El segundo mejor momento es ahora»

— ⑥ —

«El que provoca al universo cosechará su respeto»

⑦

«El que busca mejorar, ya está en la mejora»

⑧

«Busca el dragón, rápido y fuerte como el tigre, inteligente y ambicioso como la serpiente, prudente y humilde cual conejo»

Y al final del libro encontré varias páginas escritas con este título:

Ji ben gong

«Aprende como si nunca fueras a dominarlo. Sostenlo como si tuvieras miedo de perderlo»

Confucio

El *Jî Bìn Gông* es la técnica que te ayudará a utilizar este libro, a aprender de las disciplinas del Dragón, a poner en práctica toda su potencia transformadora.

Jî se traduce como «base» o «básico», *Bìn* como «raíz» o «fundamento», y *Gông* como «trabajo» o «habilidad».

Ya tienes los ocho movimientos básicos, los *Jî* del Dragón. En ti está ser capaz de descubrir los *Bìn*, los fundamentos que hay detrás de cada una de las disciplinas, y una vez hecho esto, comenzar un viaje vital para desarrollar tu propio *Gông*, tu método de trabajo diario que mantenga tu mente flexible y lista para afrontar los retos que quieras buscar en la vida.

Esto es todo lo que puedo darte.

No había nada más en el libro, entre frase y frase decenas de páginas en blanco. ¿Esto era todo?

Cerré el libro, sentí vértigo. De verdad estaba recibiendo un método milenario para… ¿Para qué?

Me quedé dormido, con un sueño profundo como se tienen pocas veces; dormí más de doce horas.

Cuando desperté estaba seguro: debía intentar trabajar con el libro, descubrir para qué me podía servir, avanzar en el entendimiento de aquellas máximas, descubrir su significado, crear ese método de trabajo diario que entonces tan abstracto me parecía. Quería empezar cuanto antes y así lo hice.

Durante los diez días siguientes me dedique a leer, a escribir, a entender, a desentender, a buscar, a encontrar, a perder, a crear lo que hoy es la base de mi manera de estar en el mundo y entenderlo.

La comparto hoy contigo, pero es importante que sepas que es mi *Ji ben gong*, el mío, el que voy creando cada día, el que me sirve a mí, el que me soporta, el que da sentido a lo que hago y a lo que no.

Las Ocho Disciplinas del Dragón también pueden ser tu punto de partida, e igual que Roberto hizo conmigo, yo aquí te las dejo, para que recorras tu propio camino, para que crees tu propio método.

Pero además yo te dejo mi camino, mi experiencia hasta ahora en este viaje que —no lo olvides— dura una vida.

Mira en tu interior

> ① «El que vence a otros es fuerte; el que se domina a sí mismo es poderoso»
> Lao Tzu

Lo primero que hice fue poner nombre a este capítulo —«mira en tu interior»— como resumen de la disciplina más importante en mi vida, en la que se basan todas las demás.

Justo después me sumergí en la lectura de un cuento oriental que me ha servido desde entonces para poder explicar, y así entender, la importancia de esta disciplina, de este hábito que implanté y que ahora forma parte de mi rutina.

📖 Bergamoto y la serpiente del camino

Bergamoto caminaba sin rumbo por un espeso bosque. Evidentemente se había perdido, no conocía ese lugar y no sabía cómo llegar hasta la cabaña de su maestro. Las fuerzas ya le faltaban y empezaba a desesperarse. En voz alta gritó:

—¡Mis posesiones por un mapa!

Bergamoto estaba seguro de que nadie respondería a su ruego, era más bien una llamada de socorro, pero cuál fue su sorpresa cuando una serpiente que descansaba en una rama cercana le dijo:

—Yo te haré un mapa. Solo quiero esas monedas tan brillantes que llevas en los bolsillos.

Bergamoto se acercó a la serpiente con recelo. Poca o ninguna confianza le despertaba este sigiloso animal, pero entendió que era la mejor solución.

Dicho y hecho; con ramas, hojas y arena, la serpiente dibujó el contorno del bosque, el río que lo atravesaba, la montaña y el valle. Absolutamente todo lo que rodeaba ese lugar.

Bergamoto se quedó entusiasmado con el mapa. Ya tenía todo lo que necesitaba para llegar a su destino, así que pago con sus monedas los servicios de la serpiente.

No habían pasado ni cinco minutos cuando Bergamoto se percató del problema. Su destino, la cabaña de su maestro, no aparecía en el mapa. ¿Para qué le serviría el mapa si no sabía dónde estaba su destino?

Desesperado y sintiéndose engañado por la serpiente gritó:

—Mis posesiones por saber dónde está mi destino.

A los pocos minutos la serpiente volvió y le dijo:

—Yo señalaré en el mapa tu destino. Como ya no tienes monedas, aceptaré tu ropa como pago.

Bergamoto lo pensó un segundo y aceptó. Teniendo el mapa y conociendo el destino podría llegar hasta su maestro. Se quitó toda la ropa y se la dio a la serpiente.

—Una x marcará tu destino —dijo la serpiente, colocando dos ramas en el mapa de ramas, hojas y arena. Y se deslizó de nuevo en la frondosidad del bosque.

—Ahora sí —pensó Bergamoto—. Solo debo seguir el mapa hasta mi destino; ya no hay nada más que necesite para este viaje.

En ese momento se dio cuenta del nuevo engaño de la serpiente. Es cierto que tenía el mapa, también sabía dónde estaba su destino —la cabaña de su maestro—, pero, ¿por dónde cruzaría el río? ¿Cómo atravesaría la montaña?

De nuevo la serpiente le había engañado y ya no tenía nada, ni monedas ni ropa. Estaba totalmente desnudo con un mapa inservible y gritó de nuevo:

—¡Mis posesiones por saber cómo hacer mi camino!

A los pocos minutos, de nuevo la serpiente se mostró frente a él y le dijo:

—Yo puedo decirte cómo sortear los obstáculos de tu camino, pero, ¿qué puedes darme tú? Ya no tienes nada.

Bergamoto, que ya estaba cansado del juego de la serpiente, con un movimiento rápido la agarró por el cuello y le dijo:

—O me dices por dónde cruzar el río y cómo atravesar la montaña o morirás aquí mismo.

La serpiente, que apreciaba mucho su vida, accedió a cambio de que la dejara marchar. Cumplió con el acuerdo, marcó en el mapa los puntos por donde debía sortear los obstáculos del camino, por donde debía cruzar el río, y la ladera para atravesar la montaña.

Cuando ya estaba fuera del alcance de Bergamoto, se volvió y le dijo:

—No me volverás a ver, pues aprecio mucho mi vida, pero he de decirte una cosa: ¿para qué sirve un mapa, qué vale conocer tu destino, e incluso saber cómo salvar las dificultades del camino, si no sabes dónde estás?

Este cuento que encontré me sirvió para definir la primera disciplina del dragón. Si quería ser poderoso, si quería afrontar largos viajes y plantear nuevos proyectos, debía conocer mi situación, mi manera de pensar, mis fortalezas y mis debilidades. En definitiva, mi punto de partida.

Mira dentro, conócete a ti mismo. No es un trabajo fácil, debes estar desnudo como en el cuento de Bergamoto y la serpiente del camino. Debes despojarte de todos los prejuicios y vergüenzas, trabajar para descubrir las trampas de tu propia serpiente, de tu cabeza.

Y así comencé un ejercicio diario que todavía hoy me apasiona. Es lo que mi padre llama «la doma de pesebre», trabajar mi propia cabeza y sus mecanismos para poder controlar mis pensamientos y mis reacciones, entrenando en situaciones controladas que después me permitan reaccionar de manera automática y rápida ante situaciones que así lo exijan.

Y es que debes saber que el principal enemigo para conseguir lo que te propongas, para llegar a tu destino, está en ti mismo, en la naturaleza de tu cabeza, en los condicionantes culturales y sociales creados para protegerte, para mantenerte seguro, para no tensionar tu tranquilidad, pero que en muchos casos, y como efecto secundario, serán la mayor barrera que te encontrarás para alcanzar tus objetivos.

Profundizando

Y como no podía ser de otra manera, es importante investigar, formarse, buscar la información que te ayude a definir el problema para poder encontrar la solución.

El que conoce el problema encontrará soluciones; el que cree tener soluciones solo encontrará problemas.

Fíjate que el problema es tu punto de partida y la solución el destino. Sin una buena definición del problema no tendremos garantías de estar planteando un plan correcto para llegar hasta la solución.

Por eso decidí leer mucho sobre este tema, y lo sigo haciendo habitualmente. Cada libro te aporta ideas, maneras de entender cómo funciona nuestra mente y, en algunos casos, hasta trucos para poder someterla a nuestro antojo.

Las teorías actuales hablan de los tres cerebros: el reptiliano, el sistema límbico y el neocórtex.

El cerebro reptiliano es el encargado de las funciones básicas, automáticas: respirar, comer, beber, regular los latidos del corazón, etc. Funciones muy primitivas pero fundamentales, que se realizan de manera automática y que nos permiten mantenernos vivos sin necesidad de dedicar otros recursos a estas tareas.

El sistema límbico son los instintos, las emociones, los recuerdos. Es un cerebro más evolucionado, que se desarrolló sobre el cerebro reptiliano y que constituye el «cerebro emocional».

Y por último, el cerebro racional, el neocórtex, cerebro que nos diferencia de los animales, —o que debería hacerlo—, y que solo compartimos con los primates. Nos permite crear pensamientos abstractos, como razonar, hablar, leer, etc.

Para esta disciplina nos interesa conocer y trabajar con los dos cerebros superiores, el sistema límbico y el neocórtex, aunque he de decirte que también existen ejercicios para poder trabajar el cerebro reptiliano; por ejemplo, para ser capaces de ralentizar el ritmo cardíaco.

Es muy importante conocer en cada caso, en cada uno de nosotros, cómo está el equilibrio de poder entre ambos cerebros, cómo se llevan, quién se impone a quién y en qué momentos, y poco a poco ir trabajando para que esa relación sea la más productiva para nuestros objetivos.

El sistema límbico es velocidad, es instinto, es el cerebro que nos hace reaccionar ante un peligro inesperado y cuya labor fundamental es mantenernos a salvo. Pero no solo a salvo de peligros que puedan dañarnos físicamente; también es el encargado de mantenernos en «zonas de confort» donde no necesitemos esforzarnos en exceso y estemos «tranquilos».

El neocórtex, sin embargo, es la parte racional, con capacidad para tomar decisiones a medio y largo plazo, capaz de sacrificar la zona de confort por conseguir objetivos superiores. Pero —eso sí—, es más lento que el cerebro instintivo.

Y esta es la primera tarea de quien quiera conocerse; debe observar cómo se comporta, cómo toma decisiones, cómo reacciona su cuerpo ante determinados estímulos; en definitiva, conocer el equilibrio de poder entre sus dos cerebros.

Esta labor te llevará toda la vida; veras que según avanzas, los equilibrios se van desplazando y deberás ir tomando medidas correctivas para sacar en cada momento y situación la mayor ventaja de conocer y entrenar tu cerebro.

Para esta disciplina es muy importante fijar las reglas del juego; estamos hablando de entrenar o incluso manipular el cerebro. No olvidemos que nuestra mente es muy poderosa, y que también jugará e intentará que nos hagamos trampas al solitario.

Aprovecha siempre los momentos del cerebro racional para dejar todo por escrito, una nota a ti mismo para cuando sea el cerebro emocional el que tome el control; busca siempre los mecanismos que te ayuden a volver a la parte racional de tu cerebro, a quitarle el control al cerebro límbico.

Tal vez todo esto te parezca extraño, pero si te fijas lo podrás observar en ti mismo, en tu día a día, en casi cualquier situación.

La publicidad, por ejemplo, ataca nuestra parte emocional. Es la que normalmente toma las decisiones de compra, aunque después sea el cerebro racional el que las justifique para poder seguir adelante. ¿Cuántas veces no habrías comprado algo si hubieras dejado un día para pensarlo? ¿Cuántas decisiones tomas al día de manera racional, y cuántas de manera instintiva?

Pero además, has de saber que el cerebro emocional es el responsable en gran parte de las situaciones de estrés, de tristeza y de ansiedad, y que estas emociones mal gestionadas, nos pueden llevar incluso a tener síntomas físicos que realmente nos perjudican en nuestra calidad de vida.

Y aquí hay otro descubrimiento que cada uno debe hacer: qué cosas son las que dan el poder al cerebro emocional y, con el conocimiento y el tiempo, qué mecanismos puede uno fabricar para retomar el control y seguir con la vida.

Y es que muchas de las cosas que nos preocupan, que nos generan malestar o todo lo contrario, que nos alegran, que nos emocionan o que nos dan fuerzas adicionales, surgen de nuestro propio cerebro, que reacciona de una manera u otra a estímulos externos.

Es muy difícil cambiar las circunstancias, que en muchos casos ya no dependen de nosotros. En otros casos nunca lo hicieron, pero lo que siempre está en nuestra mano es controlar la reacción. «No eres dueño de las cartas que te lanza el universo, pero sí de cómo las juegas».

Conoce tu cabeza, entrena tus cerebros, prepara las herramientas para sacar lo mejor de ellos y podrás jugar la mejor partida de tu vida.

Mi método

Una de las primeras cosas que aprendí cuando empecé a trabajar con mis cerebros es la diferencia de velocidad entre ambos. El cerebro instintivo es muy rápido y gana casi siempre al racional, esto ya nos pone en un problema.

Así que busque la manera de dar velocidad a mi cerebro racional, estudiando cómo lo hacía el cerebro instintivo, cómo conseguía ser tan rápido.

Y aquí llegaron las reacciones predefinidas, procesos que saltan de manera instantánea como reacción a un estímulo, un ruido fuerte a nuestra izquierda nos hace saltar y alejarnos hacia la derecha.

Y es que nuestro cerebro instintivo se nutre de recuerdos y fija reacciones a esos recuerdos, sin más. Genera respuestas automáticas que son aplicadas prácticamente de manera instantánea.

¿Por qué no dotar a nuestro cerebro de instrucciones racionales predefinidas para obtener reacciones más rápidas de nuestro cerebro racional? Y en esto se basa gran parte de la enseñanza de las artes marciales, en fijar reacciones pre–razonadas para que salten de manera inmediata ante un estímulo. La repetición de una serie de movimientos de manera sistemática hace que podamos reaccionar con un patrón determinado racionalmente, ante un estímulo que habitualmente haría saltar una reacción instintiva que no es la que más nos conviene.

En esto consiste el método, en estudiar cada reacción de nuestro cuerpo y de nuestra mente, en saber qué nos asusta, qué nos sonroja, qué nos preocupa, qué nos deja mal sabor de boca... Muchas reacciones instantáneas que nos persiguen durante el día y que en muchos casos no recordamos de dónde vienen o qué las causó.

Por eso es importante aplicar este método en cada segundo de tu vida. Sé curioso, busca qué estímulos externos o internos provocan tus reacciones; es un trabajo imprescindible para, desde el conocimiento de ti mismo, poder aplicar las correcciones necesarias.

Un ejemplo muy sencillo: ¿no te ha pasado que un día estas como enfadado y no sabes cómo has llegado hasta ese punto? ¿O triste? ¿O desmoralizado? Busca la causa; créeme, la hay. Algo te hizo reaccionar y las consecuencias las sufres durante todo el día, no permitiéndote dar lo mejor de ti.

A mí me pasaba al leer críticas a algún servicio de los proyectos que teníamos en marcha. Me entristecía, me desmoralizaba, me dejaba todo el día de bajón sin permitirme avanzar como debiera. En el momento que lo identifiqué, creé los mecanismos y argumentos mentales que me permiten vivir con ello, no lamentarme del problema y centrarme en buscar la solución.

Eso pasa también con los nervios, con el estrés, con cualquier reacción inconsciente a los estímulos que nos llegan. Si eres capaz de identificarlos, este trabajo te llevará toda la vida, puedes trabajar las reacciones que más te convengan y llegar a interiorizarlas para que sean tu nueva respuesta automática.

Y funciona; yo cada día me analizo, busco los errores en mis reacciones, cuándo soy demasiado impulsivo, cuándo actúo con vehemencia, cuándo voy de listo, cuándo me avergüenzo de no saber, cuándo se me notan los nervios, cuándo me derrumbo emocionalmente, cuándo pierdo la calma, etc. Cientos de reacciones diarias que me permiten ir creando las mejores respuestas para conseguir mis objetivos.

Resignarse al juego de reacciones que viene de serie no es la mejor opción, trabajar para ser cómo te gustaría ser es siempre positivo, y verás que con la práctica y el hábito este sistema de mejora personal es fácil de integrar en tu día a día.

Trabaja tu interior cada día para que esté alineado con tus objetivos; le quitarás al enemigo su mayor aliado: tú mismo.

Mira a tu alrededor

②

«Busca respuestas que te guíen a las preguntas»

Rŭ zhipin

De todos los cuentos que había leído, recordé uno que ilustraba perfectamente esta disciplina. Era el cuento titulado:

📖 **Bergamoto y el erudito del camino**

Llevaba ya Bergamoto muchos días de camino en busca de su maestro cuando a lo lejos divisó la figura de un hombre que, sentado debajo de un árbol, se resguardaba del intenso sol del momento.

—Por fin un ser humano después de más de cinco días de vagar en soledad, algo de conversación y, tal vez, compañía para el camino.

Se acercó Bergamoto al desconocido y saludó educadamente.

El hombre que descansaba debajo del árbol alzó la mirada y con una gran sonrisa devolvió el saludo a Bergamoto:

—Por fin algo de educación. Llevo dos jornadas en estas tierras, y debo decir que no hay mucha cultura en ella, solo aldeanos que no saben ni saludar con educación. ¿No sois de aquí verdad?

—No, vengo de muy lejos en busca de mi maestro, y si lo tenéis a bien, no me vendría mal un poco de la sombra de este árbol y algo de conversación, pues llevo más de cinco días sin encontrarme con ningún ser humano —contestó Bergamoto.

Ambos compartieron sombra, comida, bebida y una grata conversación. En seguida Bergamoto se dio cuenta de la gran erudición de su compañero de sombra. Era un hombre muy formado en todas las ramas del saber. Tan pronto la conversación se centraba en álgebra y cálculo como en historia y filosofía, o en arte y literatura.

Bergamoto estaba encantado escuchando a un hombre tan formado, con tantos conocimientos, que sin duda iba a alimentar su formación y que le daría muy buenos conocimientos sobre muy diversas materias.

Llegó el momento de retomar la marcha y decidieron hacerlo juntos. El erudito para seguir alimentando su ego y Bergamoto para aprender todo lo posible de tan peculiar compañero de viaje.

No tardaron mucho en llegar a un río caudaloso que no podían atravesar. Decidieron recorrer el cauce en busca de un lugar propicio para cruzar mientras continuaban con su conversación.

Bergamoto intentaba aportar su conocimiento en algunas materias, pero su acompañante, un erudito muy formado, parecía saberlo todo. No había ni un pequeño hueco para nuevos conocimientos, y si lo había no parecía tener mucho interés en cualquier aportación que no saliera de él mismo.

Y en estas disquisiciones llegaron a un pequeño amarre que regentaba un aldeano. Un cartel de una moneda de oro anunciaba el precio del viaje hasta el otro lado del río.

Nada más ver el amarre y el cartel, el maestro erudito empezó a burlarse, primero de los errores gramaticales que había en el cartel, después de la mala caligrafía y por último de lo miserable que parecía aquella barca.

Sin embargo, era el único camino que habían encontrado para poder llegar al otro lado del río y Bergamoto se acercó al aldeano para solicitar su servicio y poder cruzar.

Cuando ya estaban empezando su trayecto, el maestro erudito decidió interrogar al barquero:

—Señor, como gerente de este negocio tendrá usted conocimiento de física, ¿no? Sabrá cómo actúan las fuerzas del río en esta barca.

El barquero alzó la mirada y negó con la cabeza.

—Pero, entiendo que se habrá formado en matemáticas o en ciencias.

Negó de nuevo el barquero.

—Y en filosofía e historia, o en música —le increpaba el erudito con bastante menosprecio.

El barquero, sin levantar la cabeza del remo, negaba una y otra vez.

El maestro erudito, le miro a la cara y sentenció:

—Es usted un ignorante, sin todos esos conocimientos ha perdido usted media vida.

Bergamoto estaba muy incómodo con la situación, y muy mareado. Estaban en el centro del río y la corriente era muy fuerte; la barca se balanceaba de un lado a otro.

Finalmente, el barquero levantó la cabeza y dijo:

—Creo que no conseguiremos cruzar; la corriente es muy fuerte y hay ya una entrada de agua.

El maestro erudito estaba indignado y espetó al barquero:

—Ni siquiera sabe usted hacer su trabajo.

Minutos después, el barquero volvió a dirigirse a ellos y preguntó:

—¿Saben ustedes nadar?

El maestro erudito negó con la cabeza.

Segundos antes de que una gran ola hiciera volcar la barca, el barquero concluyó:

—No tener este conocimiento le hará perder la vida entera.

Y así fue.

Este cuento, además de muchas otras cosas, habla de la importancia de atesorar conocimientos, de querer aprender todos los días. Uno nunca sabe cuándo va a tener que tirar de aquello que aprendió.

Por eso debemos mirar siempre a nuestro alrededor y no limitar nuestras fuentes de conocimiento. En cualquier circunstancia podemos aprender y formarnos.

Uno de los grandes limitantes del ser humano es pensar que sabemos todo lo necesario para afrontar nuestra vida, dando por hecho que esta no cambiará mucho. Sin embargo, la realidad no tiene por qué ser esa, y como le pasó al erudito, un conocimiento o una habilidad sencilla pueden llegar a ser determinantes en el transcurso de una vida.

La humildad ante el conocimiento es imprescindible. ¿Quién puede saberlo todo, quién puede conocer todas las herramientas y técnicas? Es materialmente imposible el conocimiento completo, y por eso, debemos ser siempre permeables al aprendizaje y la formación.

Pregunto: ¿quién es más ignorante, el que conoce sus ignorancias, o quien las desconoce?

Una de las disciplinas que debemos abrazar de manera importante y constante es la adquisición de conocimientos. Esto nos hará crecer cada día, abrir opciones cerradas hasta entonces y, como en el cuento, estar más preparados para afrontar las circunstancias que puedan llegar hasta nuestras vidas.

Como en la vida, es más importante el camino que el destino, es fundamental disfrutar de la adquisición de conocimientos sin obsesionarnos con su utilidad final, sin necesidad de justificar el esfuerzo para conseguirlos; al fin y al cabo, aprender es parte del camino.

✐ *El que deja de aprender, empieza a desaparecer.*

RŬ ZHÌPǏN

Profundizando

Lo primero que aprendemos es a aprender. Cuando nacemos no tenemos conocimientos, no sabemos hacer nada, solo hay en nuestro cerebro grabadas ciertas conductas que nos permiten sobrevivir. Digamos que es el equipo básico de supervivencia.

El bebé, instintivamente, sabe que debe alimentarse, el olor de la leche materna hace que comience este proceso del que desconoce absolutamente todo, pero que poco a poco aprenderá e interiorizará.

Rápidamente aprende a demandar ayuda, a pedir, con la única herramienta de la dispone: el llanto. Es una técnica que el niño va perfeccionando y utilizando en las diferentes etapas de su crecimiento, llegando a ser capaces de manipular a los adultos con una inteligencia emocional impresionante.

Y así, con el instinto de supervivencia, la observación, la prueba y el error, vamos aprendiendo a aprender.

No olvidemos que en esta parte del camino debemos adquirir un conocimiento muy importante, en muchos casos conocimientos, herramientas y técnicas que nos permitirán acceder a otros que se apoyaran sobre estos.

En los primeros años de vida los humanos aprendemos el ochenta por ciento del tiempo. Todo es nuevo y es incorporado a nuestro almacén de habilidades, unas con más éxito que otras, pero lo que sí adquirimos todos es el hábito, la disciplina del aprendizaje, algo que desgraciadamente iremos perdiendo poco a poco.

Empezamos la formación y nos enseñan una manera diferente de aprendizaje, una formación en conocimientos y técnicas básicas para poder afrontar otros más complejos. Es en esta fase donde muchas generaciones, debido al formato de la formación, han ido perdiendo algo importantísimo para el crecimiento del ser humano: la curiosidad.

Nos acostumbramos a recibir conocimiento sin buscarlo, sin entender la necesidad, a alimentarnos de manera automática, sin esfuerzo, sin curiosidad, y eso, a la larga, puede matar nuestra necesidad de aprender.

Las nuevas técnicas en la enseñanza ponen el foco no tanto en la adquisición de conocimientos, en el injerto de la formación, sino en el crecimiento natural de nuestra curiosidad, trabajando en ayudar a crear un hábito del conocimiento y dotando de unas herramientas básicas para su obtención, que no anulen la curiosidad, el instinto básico del aprendizaje.

Por supuesto, este sistema es mucho más complicado, requiere diferentes enseñanzas para cada alumno, adaptación continua a las necesidades de cada momento, herramientas personalizadas... En definitiva, un trabajo personalizado por unos maestros muy bien formados en fomentar el hábito del conocimiento y especializados en alimentar la curiosidad.

Y una vez que hemos adquirido estas herramientas y técnicas básicas para obtener conocimientos, está en nuestras manos definir cómo vamos a integrar en nuestro camino esta disciplina, este hábito del aprendizaje continuo.

Uno de los grandes errores, profundamente incrustado en nuestra sociedad, es la percepción del aprendizaje y la obtención del conocimiento como una etapa concreta de nuestra vida, con principio y fin, que además socialmente nos empuja a terminar con ella lo antes posible para pasar a ser entidades productivas.

Esta percepción es muy dañina para nuestro desarrollo; el aprendizaje debe ser un proceso continuo durante nuestra vida, aunque cambien las técnicas, las materias o el sistema de obtención del conocimiento.

No hay nada más atrevido que la ignorancia, todos conocemos jóvenes que al terminar sus estudios universitarios creen ya saberlo todo y no quieren más que pasar página y abandonar definitivamente la etapa formativa. ¡Qué gran error! Nunca debemos dejar de aprender, nunca debemos dejar de crecer.

Si a todo esto sumamos la presión social, que nos imposibilita el reconocimiento de la ignorancia, que es percibida como debilidad, cuando todos somos muchísimo más ignorantes que eruditos, hace que pongamos el esfuerzo en no parecer ignorantes más que en adquirir los conocimientos que sabemos no poseer, y trabajar cada día en descubrir nuevos conocimientos que no atesoramos.

Y así llegamos la mayoría a la etapa adulta, escuchando para rebatir y no para aprender, centrándonos en convencer al mundo y engañarnos a nosotros mismos.

Creemos que los demás ya no nos pueden enseñar nada, que los conocimientos que necesitábamos ya los tenemos y que ahora todo consiste en sacar partido a ese trabajo inicial de formación. Lo dicho: qué atrevida es la ignorancia...

Mi método

La curiosidad es la aptitud que nos empuja a aprender, y que depende en gran medida de la percepción que tengamos de lo que sabemos y lo que no.

Por eso cuando somos pequeños no hay duda: sabemos menos cosas de las que no sabemos, y como el proceso de ósmosis, nuestro sistema se inclina hacia el aprendizaje y la formación. El problema llega cuando entendemos que más o menos sabemos lo mismo que ignoramos, o que con lo que sabemos ya es suficiente. Aquí, en este punto, es cuando la curiosidad se resiente.

Esto tiene un gran problema: la propia ignorancia no nos permite equilibrar la ecuación. Realmente pensamos que ya sabemos suficiente, y es esa ignorancia la que cercena la curiosidad y nos mantiene tranquilos y seguros en la ignorancia.

Para romper este círculo vicioso debemos obligarnos a mirar a nuestro alrededor, a ver reflejada nuestra ignorancia en la gran mayoría de los procesos que nos rodean, a proponernos aprender cada día algo que contribuirá a resaltar nuestra ignorancia y a provocar entrar en el círculo virtuoso del aprendizaje y estudio constante.

En mi caso he desarrollado una serie de hábitos que me permiten seguir activo en el aprendizaje y la formación. Te cuento alguno de ellos:

1. Leo mínimo un libro a la semana; un libro de una materia que no tenga por qué ser de mi sector de actividad profesional, pero que me pueda aportar conocimientos que no tengo.
2. Repaso cada día las noticias relacionadas con nuevos negocios, modelos de negocio y casos de éxito y fracaso.
3. Los jueves tengo la mañana reservada para lo que yo llamo «oportunidades», gente que me cuenta su proyecto, sus necesidades y cómo han resuelto los problemas que se han ido encontrando. Esto no solo me produce sinergias a corto plazo, sino que también me permite conocer otros sectores y actividades.
4. Escribo libros y doy conferencias, aplico una máxima que dice que «cuando uno enseña dos aprenden», lo cual es una gran verdad. Cuando escribo un libro o preparo una conferencia soy el primero que aprende.
5. Para optimizar mi tiempo y mis esfuerzos decidí hace un año poner en marcha una editorial, Editatum, con una colección de libros que me dieran la posibilidad de adquirir conocimientos de manera sencilla y rápida, que rompieran la ignorancia inicial en una materia concreta para después poder profundizar en conocimientos más avanzados: los **GuíaBurros**. Uno de los libros de esta colección es el que tienes en tus manos en este momento.

Verás que en cuando empieces a poner en marcha hábitos de formación y aprendizaje continuo irá creciendo tu curiosidad, el sistema se autoalimentará y ya no tendrás que dedicar ningún esfuerzo para incluirlo en tu día a día.

La curiosidad te permitirá descubrir nuevas realidades, otros sectores, nuevos sistemas, soluciones diferentes aplicadas en otros países o sociedades... En definitiva, habilitará tu capacidad de unir puntos, de crear conexiones que son fundamentales para resolver problemas y definir hechos diferenciales que te permitan tener ventajas competitivas, en lo personal y en lo profesional.

Cambia la mirada

―③―

«El que sigue un camino, encontrará un destino. El que busca caminos, elegirá su destino»

Esta disciplina es de las más importantes en nuestros días, y cada vez más difícil de interiorizar. Estamos educados y condicionados para pensar de la misma manera, para mantener una mirada común, que en muchos casos solo nos permite encontrar la misma solución.

📖 Bergamoto y las hormigas

Despertó Bergamoto sobresaltado al notar cosquillas en sus piernas. Eran miles de hormigas, que se afanaban en recoger hojas y palos para llevarlos a un hormiguero cercano.

Bergamoto, siempre interesado por estos fenómenos se puso a observar lo organizadas y bien dirigidas que estaban las hormigas, y cómo todas a una trabajaban a gran velocidad. Pero, ¿por qué esas prisas? Decidió preguntar a una de ellas, la que parecía organizar el trabajo.

La hormiga, muy atareada, se detuvo, miró a Bergamoto y le dijo:

—Viene el monzón y debemos cerrar todas la entradas del hormiguero, esta zona quedará durante días bajo el agua.

Observando más cuidadosamente Bergamoto se dio cuenta de que las hormigas recogían grandes hojas y palos, que trituraban para generar una pasta que pudiera bloquear las entradas al hormiguero.

Pero Bergamoto seguía teniendo dudas, así que decidió volver a preguntar a la hormiga:

—Pero, ¿esa masa no se disolverá? ¿No terminará entrando el agua e inundando las galerías?

La hormiga se detuvo y con cara de circunstancias le dijo:

—Así es, esta solución aguanta el hormiguero seco unas horas. Si la lluvia es persistente y hay una gran inundación, muchas de nosotras terminaremos muriendo, así pasa cada año.

Bergamoto quedó asombrado por la resignación de la hormiga y no pudo más que increparla de nuevo:

—¿Y no habéis valorado otras soluciones? Algo se podrá hacer para no perecer en la riada.

—¿Qué más podríamos hacer? —le preguntó la hormiga.

Bergamoto empezó a pensar y lanzar alternativas:

—Subir a una montaña —propuso Bergamoto.

—La lluvia del monzón y las fuertes corrientes nos eliminarían a todas —repuso la hormiga.

—Pues…. podéis subiros a un árbol hasta que pase el monzón —propuso Bergamoto.

—No hay árboles en esta zona, los arbustos quedan sumergidos por las aguas del monzón y no podríamos llevar nuestra comida hasta el bosque —respondió la hormiga.

—¿Y subiros a un grupo de elefantes hasta que pase la inundación? —insistió Bergamoto.

—Seríamos comida fácil de los picabueyes que viajan con ellos. No hay solución posible, hemos pensado en todas las opciones —concluyó la hormiga.

—¿Y si os dispersáis, y cada hormiga, con una pequeña cantidad de comida, busca un lugar donde guarecerse y sobrevivir? —continuó Bergamoto.

—Separándonos, alguna de nosotras podría encontrar la manera de sobrevivir unos días, pero después, ¿qué? Una hormiga sola no tiene ninguna opción —sentenció la hormiga.

Bergamoto estaba crispado. ¿Cómo podrían las hormigas solucionar el problema? ¿Qué debían hacer para sobrevivir y mantener a salvo las provisiones del hormiguero?

Mientras él pensaba, el hormiguero no paraba. Ya tenían miles de grandes hojas en pequeños montones a la entrada del hormiguero, y seguían trabajando resignadas a una solución que año tras año mermaba su población.

Bergamoto estaba empeñado, quería encontrar otra solución, una mejor, pero mientras pensaba el sueño pudo con él y quedo completamente dormido.

En su cabeza soñaba con las hormigas y sus intentos de sobrevivir, taponar el hormiguero, una montaña, un árbol, los elefantes, dispersar al hormiguero… De nuevo las cosquillas lo despertaron, esta vez miles de hormigas lo había levantado y lo llevaban como flotando. Al abrir los ojos, preguntó:

—¿A dónde me lleváis?

—A un lado del camino. Te dormiste sobre nuestras hojas —contestó la hormiga.

Y en menos de un segundo, Bergamoto y la hormiga se dieron cuenta que habían encontrado otra solución, una mejor.

Solo tenían que resolver el problema de una manera diferente. Buscar una posición elevada no era viable. Distancia, suministros, depredadores, cerrar el hormiguero… No funcionaba si las lluvias duraban mucho, el agua entraba y arruinaba los almacenes de comida y muchas hormigas morían ahogadas. ¿Qué más se podía hacer?

Y cuenta la leyenda que desde ese encuentro con Bergamoto, las hormigas, antes de la llegada del monzón, recogen grandes hojas sobre las que ponen los alimentos de sus despensas. Todas se reúnen y entrelazan sus manos y pies, formando una gran superficie entre las que se intercalan las hojas con los alimentos, y esperan a que llegue el agua para flotar durante los días que dura el monzón.

Como en este cuento, nuestros esfuerzos y energías están puestos en la ejecución de la solución que ya tenemos del problema, una solución como la de las hormigas, que en muchos casos, es la considerada menos mala.

Nos afanamos en aplicar el plan sin cuestionarlo, haciendo lo mismo, esperamos que sea la suerte la que nos ofrezca un resultado mejor. Preferimos hacer responsable al destino antes que asumir nosotros las consecuencias de nuestras decisiones.

Este modo cobarde de actuar es el responsable de la falta de creatividad, un ingrediente que requiere de gran valentía para afrontar el resultado de la nueva solución. Nuestra cabeza, de nuevo, prefiere unos malos resultados conocidos a la responsabilidad de poder incluso empeorarlos.

Por eso, en muchos casos, las soluciones vienen de fuera, de la necesidad de salir del bosque para verlo, para dejar de ver solo árboles y afrontar nuevas soluciones.

Para ser creativos, capaces de buscar nuevas soluciones a los problemas ya resueltos, debemos ser capaces, por un lado, de vencer el miedo atávico al fracaso, y por otro de entrenar las capacidades necesarias para ir saltando de plantilla mental hasta encontrar nuevas maneras de hacer las cosas.

Y así es como en esta tercera disciplina se unen las dos primeras. Mirar en tu interior nos debe ayudar a jugar con el riesgo a conocernos y manipularnos, y mirar a tu alrededor a entrenar y a adquirir las plantillas mentales que nos permitan plantearnos las nuevas soluciones.

No olvides que la creatividad es una de las cualidades más demandadas en nuestra sociedad. Ya no es tan importante conseguir soluciones a problemas no resueltos, así como resolver los ya resueltos de una manera diferente, que constituya en sí mismo una característica diferencial.

Profundizando

La creatividad tiene mucho que ver con nuestra manera de pensar y economizar el esfuerzo que requiere tomar decisiones en el día a día.

Dicen los expertos que tomamos más de 35 000 decisiones al día y que solo somos conscientes de menos de un 1 % de las mismas. Esto está directamente relacionado con el funcionamiento de nuestro cerebro.

Nuestra mente está programada para mantenernos en una zona tranquila, economizando todo lo posible el esfuerzo que debemos realizar para sobrevivir.

Es muy importante entender el sistema de plantillas que permite a nuestro cerebro tomar decisiones de manera rápida y en muchos casos automáticas, sin requerir atención ni esfuerzo adicional en tiempo real.

Para que nos entendamos: el cerebro guarda una serie de planes de actuación que se ejecuta de manera automática, sin necesidad de valorar cada vez la decisión. Hay que tener en cuenta que la mayoría de las decisiones que debemos tomar a lo largo del día son repetitivas.

Cuando nos preguntan cómo queremos el café, el cerebro no genera un proceso de elección evaluando experiencias anteriores. Simplemente dispara la respuesta preprogramada: con leche en taza y sacarina. Sencillamente, no sería viable tener que decidir cada vez que nos enfrentamos a esta pregunta en una cafetería.

Esta manera de funcionar, con soluciones ya prefijadas, da mucha velocidad a nuestras respuestas, y como hemos visto, simplifica el proceso de elección. Sin embargo, en muchos casos lastra nuestra capacidad creativa; nuestra solución a los problemas se basa en esquemas de pensamiento prefijados y preevaluados que pueden constituir una verdadera barrera para la generación de nuevas soluciones y nuevas ideas.

Entonces, ¿qué podemos hacer para ser más creativos, para no depender tanto de soluciones prefabricadas? Lo primero, ser conscientes de cómo funciona nuestra mente, de mirar en nuestro interior y comprender este mecanismo que no podemos despreciar y que nos permite sobrevivir cada día a más de 35 000 decisiones, pero con el que podemos jugar, que podemos moldear para conseguir nuestro objetivo: ser más creativos.

Una vez comprendido cómo funciona y cómo lo utiliza nuestra propia mente, podemos empezar a trabajar en la introducción de nuevas plantillas. Esto básicamente marcará la diferencia con el resto: tener más opciones para poder actuar en las diferentes situaciones que nos plantee la vida.

Por lo general, lo más eficiente es tener una solución para resolver un problema. No solemos pedir más, y para muchas de las decisiones que tomamos en un día suele ser suficiente. Pero, ¿qué pasa si no tenemos solución o si la solución que tenemos no termina de cumplir con nuestras expectativas?

Ahí entra en marcha el proceso creativo, la capacidad para buscar diferentes soluciones, aplicando esquemas de resolución distintos, saliéndonos de la norma para resolver el problema.

Pero para esto, como para la mayoría de las cosas, necesitamos tener herramientas que nos permitan no empezar el proceso desde cero cada vez que tenemos que poner en marcha la creatividad. Para entendernos, necesitamos una plantilla de pensamiento creativo.

Y esta plantilla, como todas, debemos crearla, ponerla en marcha, medir sus resultados, refinarla y finalmente grabarla en nuestro sistema.

Fíjate como a lo máximo que aspiramos es a manipular el sistema conforme a nuestras necesidades —en este caso ser más creativos—, pero respetamos y nos amoldamos a cómo funciona el sistema, un sistema con soluciones predefinidas.

Y en esto, que parece una desventaja cuando hablamos de creatividad, de pensamiento diferente, de originalidad, es en lo que se basan las ocho disciplinas del dragón, del hábito, de interiorizar y repetir de manera inconsciente una serie de habilidades para potenciarlas y garantizar su impronta en nuestra manera de vivir y afrontar la existencia.

Así pues, podemos trabajar nuestra creatividad, podemos habituarnos a buscar nuevas plantillas de funcionamiento, a no conformarnos con una única solución, a enfocar los problemas desde ángulos lejanos a nuestra realidad concreta. En definitiva, podemos trabajar la carta de colores que nuestra mente aplicará en la vida.

La gran noticia es que tenemos una capacidad casi infinita para introducir plantillas en nuestro sistema de toma de decisiones. Según los expertos, nuestro cerebro crece según lo entrenamos, y su capacidad y velocidad dependen del uso que hagamos de él.

Así pues, podemos mejorar de manera importante nuestra capacidad para ser creativos si trabajamos esta habilidad a diario, en las decisiones menos importantes, entrenado nuestra capacidad para cuando sea realmente decisivo.

Ya no valen las excusas. Uno no es creativo por naturaleza; tiene mucho que ver con como entrenas tu mente para llegar a serlo.

Mi método

Para mantener viva mi creatividad busco nuevas maneras de pensar y de resolver problemas, no necesariamente en mi sector, en mi entorno o en mi país, sino donde mi curiosidad me lleve.

Un ejercicio que practico a diario es la búsqueda de soluciones alternativas, desde las más lógicas, hasta las más extravagantes. Procuro identificar todas las líneas rojas (características, reglas o creencias) que «no se pueden cambiar», y lo hago. Es cierto que la mayoría de las veces estas líneas están bien definidas y tienen su porqué, así que las soluciones que aparecen cuando las quitas no son viables o razonables, pero sin embargo hay otros casos en los que descubres verdaderos diamantes en bruto.

Otro ejercicio que practico habitualmente son los juegos de lógica y pensamiento lateral, pequeños retos que te obligan a buscar plantillas diferentes, algunos ya llevan años en mi cabeza, pero se usan poco y otros hay que adaptarlos.

Como en mi entorno saben de mi afición, no hay reunión familiar donde alguien no me traiga un reto o un acertijo nuevo para ver si soy capaz de resolverlo, y la verdad es que puedo decir con orgullo que en la mayoría de los casos, antes o después, termino dando con la solución o soluciones.

Y es que entrenar la mente para resolver problemas lógicos o de pensamiento lateral es el mejor entrenamiento, aunque sean problemas sin importancia. Estamos jugando, pero mantienes tus sistemas engrasados para cuando de verdad necesitemos soluciones imaginativas para un problema real.

Otro de mis entrenamientos es el juego del «¿y si?», consistente en pensar en una norma, en un sistema, en una característica de nuestra sociedad y pensar qué pasaría si no existiera. *¿Y si no existiera la policía?* Y ahí empieza todo un proceso de imaginación y creación de la sociedad, en este caso, sin policía. Imagino todos los detalles, cómo podría funcionar el sistema, qué problemas soluciona la policía y cuáles produce, que son resueltos con otros mecanismos... Y así puedo entretenerme durante horas, resolviendo problemas de maneras diferentes e intentando evaluar y equilibrar las consecuencias. He de decir que, por lo general, hemos hecho un buen trabajo, y las cosas, aunque a primera vista no las entendamos, suelen resolver un problema real, y normalmente de la mejor manera posible.

Así, con este entrenamiento diario consigo tener mi cabeza preparada para romper con limitaciones que nosotros mismo y el entorno nos imponen, limitaciones que hacen más fácil el 90 % de los problemas. Eso sí, ofreciéndonos soluciones estándar, sin grandes diferencias con el resto, pero que no son funcionales con el 10 % restante.

Entrena tu mente para pensar diferente, trabaja para adquirir cuantas más plantillas de resolución de problemas mejor, y juega a derribar las barreras impuestas para ver los problemas desde otras ópticas.

En mi faceta profesional utilizo estas herramientas para la creación de nuevos modelos de negocio, para los sistema de calidad continua, refinando cada cierto tiempo todos los procesos y, cómo no, para resolver los problemas que la actividad profesional va poniendo en mi camino.

Gestiona tu riqueza

④

«Vive cada día de tu vida como si fuera el último... Un día acertarás»

Todos nacemos con un patrimonio importante, pero desconocido. Un patrimonio que debemos administrar con mesura y valentía, un patrimonio que no podemos retener ni almacenar, un patrimonio que se escapa entre los dedos y ya no vuelve más, nuestra posesión más valiosa y escasa: nuestro tiempo.

📖 *Bergamoto y la moneda de oro*

Bergamoto reconoció la montaña, y en lo alto, la casa del sabio del espejo, un maestro de maestros capaz, solo con el reflejo del espejo, de retar a sus discípulos con la prueba más complicada para cada uno, atacando directamente sus puntos débiles.

Siempre le causó curiosidad este sabio. No en vano había oído miles de historias y retos que había ofrecido a los discípulos que hasta él se habían acercado, y como solía ser habitual en él, decidió que también quería su propia historia que contar. Subió la montaña para encontrarse con tan peculiar sabio, para pasar el reto del espejo.

Una vez llegó a la casa del sabio, este le recibió con gran amabilidad y le hizo pasar hasta una amplia habitación con solo un espejo en el medio, un espejo grande, casi infinito.

Sin mediar palabra, el sabio acompaño a Bergamoto hasta el punto exacto donde debía colocarse para conseguir su reto, pero pasados unos minutos nada pasó; solo su reflejo en el espejo.

El sabio se acercó a Bergamoto y le acompañó a la salida, dándole, eso sí, un cofre de madera y despidiéndose con un gesto lleno de ternura.

Bergamoto no podía esperar, quería saber urgentemente en qué consistía su reto, qué había dentro del cofre, qué había visto el sabio en el espejo que él no había captado.

En cuanto descendió la montaña encontró una piedra a un lado del camino que parecía el lugar perfecto para abrir el cofre y resolver todas sus inquietudes, y así lo hizo.

Dentro de la caja solo había una moneda de oro y un manuscrito que decía lo siguiente:

«Este cofre te proporciona una moneda de oro, riqueza suficiente para que diez hombres pasen el día con todas sus necesidades atendidas.

Cada noche, las monedas que no hayas gastado desaparecerán, pero a la mañana siguiente volverá a aparecer una nueva moneda de oro.

Esto sucederá cada nuevo día hasta que se termine la magia de la caja».

Bergamoto no cabía en sí de felicidad. Más que un reto era un premio y un alivio, con tanta necesidad como sufría en el camino, y decidió gastar su moneda lo antes posible.

Llegó a una posada cercana y comió y bebió hasta caer rendido, pidió una habitación y antes de acostarse guardó su bolsa de monedas de plata. Nueve monedas de plata, ya que con tan solo una pudo cenar y dormir esa noche.

A la mañana siguiente lo primero que hizo fue revisar el cofre, y efectivamente, sus nueve monedas de plata volvían a ser una de oro.

Así, Bergamoto vivió durante meses, siendo incapaz de gastar tanta riqueza en un solo día.

Lo que los primeros días era un lujo, comer y dormir en posadas del camino, era ya algo habitual, se había acostumbrado. Desplazarse en carruaje tampoco era ya ninguna novedad; cada mañana en la posada se subía al que más le convenía sin darle mucha importancia, y así poco a poco se fue acostumbrando a utilizar su moneda de oro para el día a día.

Pero llegó una mañana, cuando menos se lo esperaba, que al abrir el cobre ya no había moneda de oro. Estaba vacío. Solo había una nota en la que reconoció la letra del sabio del espejo, que le decía:

«La magia de esta caja ya terminó. Ya no encontraras en ella más monedas de oro, aunque lo cierto es que es ahora cuando más riqueza te puede proporcionar».

Tardó unos minutos Bergamoto en darse cuenta de lo que sucedía. Ya no podría seguir gastando dinero cada día, no podría comer caliente en una posada, descansar en una cama, viajar en carruaje... Toda su suerte se había terminado.

Según hacía a pie su camino, empezó a pensar en su mala suerte, en lo poco que había durado su riqueza, y poco a poco se fue dando cuenta de lo que podía haber hecho con esas monedas que día a día llenaban su saca y que cada noche desaparecía por no haberse gastado.

¿Por qué no utilicé al menos una moneda de plata al día para comprar semillas? Ahora podría plantarlas y comer cada día.

¿Por qué no gaste cinco monedas de plata para comprar un caballo? Ahora podría aliviar la dureza del camino.

¿Por qué no gaste las monedas de plata que me quedaban cada día en invitar a otros viajeros del camino? Ahora seguro que me auxiliarían en mi pobreza.

¿Por qué no cuide de mi riqueza, de gastarla en lo importante?

Bergamoto recordó la frase del cofre, y se preguntó:

—¿Qué riqueza puede proporcionarme ahora un cofre vacío?

Y en seguida lo vio claro: había recibido la mejor de las enseñanzas.

Volvió Bergamoto a la casa del sabio del espejo y le devolvió el cofre, le miró a los ojos y le dio las gracias por el reto. Ahora sí había entendido la riqueza más importante que debemos administrar: el tiempo.

Este cuento fue para mí revelador, y me sirvió, como a Bergamoto, para darme cuenta de cuánta riqueza pasa por nuestras manos y se pierde entre los dedos; de la poca importancia que muchas veces damos al tiempo, siendo este uno de los grandes limitantes de nuestras vidas, por su finitud, pero también por la incertidumbre que produce no saber hasta cuándo seguirá saliendo la moneda de oro cada mañana...

Es cierto que durante determinados momentos de la vida nos damos cuenta de estos factores, sobre todo cuando perdemos a un familiar o a un amigo, y durante unas semanas o tal vez meses somos conscientes de dónde está la verdadera riqueza que se nos ha entregado: el tiempo.

Pero pasado un tiempo volvemos a acostumbrarnos a la moneda de oro, a tener tiempo infinito, a desperdiciarlo, a no gestionarlo, simplemente a gastarlo cada día sin disfrutarlo.

Esta es una de la disciplinas del Dragón más complicadas: ser conscientes cada día de la gestión tan importante que debemos realizar, la del tiempo, el tiempo que pasa y se desperdicia si no es gestionado, si no es gastado, utilizado, puesto a trabajar para nuestros objetivos y nuestra felicidad.

Profundizando

La gestión del tiempo se ha convertido en nuestros días en una habilidad clave, en un gran limitante en sus probabilidades de tener éxito y conseguir sus objetivos.

El ser humano no está diseñado para gestionar tiempo, no terminamos de entender las tres características fundamentales que tiene este recurso, la finitud, la incertidumbre y la imposibilidad de almacenaje.

Si aplicamos estas características a la energía, nos encontraríamos con sistemas que se acaban. Esto pasa sin certeza de suministro y sin posibilidad de almacenaje, sin baterías para guardar esa energía. Así sería muy complicado poder funcionar; piensa en los dispositivos y sistemas que dejarían de funcionar al no ser factibles las baterías recargables.

Nuestra mente, por su misión ancestral de protección del ser humano, ha creado tres lagunas mentales, tres olvidos constantes, tres engaños, que tanto mal hacen para la eficiencia en la gestión del tiempo, pero que nos permiten vivir y permanecer —en cierta medida— en una zona cómoda.

En el primer engaño, el tiempo pasa de ser un recurso escaso a ser abundante, y me refiero a cantidad no a finitud. Si te fijas, es así como solemos gestionarlo, pensando que nos dará tiempo, que somos capaces de expandirlo, que al final llegaremos.

Otra cosa es que tengamos límites impuestos. Debo terminar este proyecto antes del jueves; en este caso sí nos ajustamos al límite, pero ¿y en el resto? Analiza momentos en que no te ha dado tiempo. En la mayoría de los casos no era racional que fuera posible, pero aun así tu mente lanzaba mensajes positivos, como si fuera capaz de alargar la duración del tiempo.

El segundo engaño es importante para poder vivir sin miedo. Nuestra mente transforma la incertidumbre de no conocer el tiempo que nos queda en una sensación de inmortalidad, de infinitud, que nos hace en muchos casos no ser capaces de gestionar de manera eficiente los recursos que tenemos.

Y para terminar, nuestra mente crea baterías virtuales que nos permiten asignar tiempo a tareas, proyectos, objetivos... Una ilusión que nos permite hasta trasvasar tiempo de un proyecto a otro, algo que racionalmente no es posible, pues como sabemos, el tiempo no se puede guardar para más adelante.

Sin embargo, dicho esto, es cierto que nuestra incapacidad para gestionar estas características del tiempo hace que lo adaptemos a nuestro esquema mental, creando cualidades artificiales que, si somos capaces de entender y que nos servirán para ser más eficaces en su gestión.

Por ejemplo, la flexibilidad del tiempo. Pongamos el ejemplo de ciertas especies de peces que han generado un mecanismo evolutivo que les permite crecer en función de los recursos disponibles. Si tienen poco alimento y la charca es pequeña, no crecen mucho; si hay abundancia y espacio se desarrollan y colonizan todos los recursos. Pues bien, eso también pasa con el tiempo.

Si tú marcas un tiempo para una tarea, nuestra mente tiende a expandir o reducir la tarea en función de los recursos disponibles. Es cierto que siempre gastando un poco más, volvemos a la abundancia infinita del tiempo, pero más o menos adaptándonos al entorno. Esto hace que tendamos a expandirnos en ciertas tareas si no mantenemos los límites activos en nuestra cabeza.

Este fenómeno crea una falsa sensación de flexibilidad del tiempo, hay momentos en que este «nos cunde más» y parece que somos capaces de estirarlo hasta donde nos haga falta.

También hemos aprendido a multiplicar el tiempo con la multitarea. Donde dedicábamos una hora para una tarea concreta, podemos «ganar» tiempo si somos capaces de combinar dos tareas que sean compatibles, por ejemplo hacer ejercicio en la cinta del gimnasio y leer o escuchar música al mismo tiempo o, como hacemos muchos, utilizar la comida diaria para tener reuniones con el equipo o con clientes o proveedores.

Este sistema bien aplicado nos puede hacer ganar muchas horas al día, pero debemos ser conscientes de las tareas que son compatibles y de cuáles no.

Otro sistema para ganar tiempo es hacernos conscientes de los granitos de arena, de esos minutos que nos quedan vacíos entre actividades, que solos quizá no son gran cosa, pero que sí constituyen una gran cantidad de tiempo al día. Si eres capaz de llenarlos con actividades que debas cumplir durante el día, estarás avanzando de manera definitiva en la gestión de tu tiempo.

Pero lo fundamental para que nos cunda el tiempo, o para que al menos hagamos lo que necesitamos hacer cada día, es la priorización de tareas, algo fundamental cuando queremos ganarle la partida al tiempo.

Es cierto que la priorización requiere tiempo; tiempo de recopilación de tareas, tiempo de ordenación y asignación, tiempo de control de cumplimiento y, en muchos casos, tiempo de procrastinación. Sin embargo, será uno de las mejores inversiones, no solo para ser más eficiente y aprovechar el tiempo para conseguir tus objetivos, también para reducir al mínimo tus niveles de estrés.

La gestión del tiempo siempre es mejorable. Podemos conseguir más tiempo para nuestros objetivos, algo fundamental, ya que es el factor más limitado de nuestra ecuación.

Mi método

Mi método es sencillo: madrugo, y madrugo mucho. Esto me permite jugar siempre con ventaja, puesto que cada día empieza para mí unas horas antes que para el resto. Puedo centrarme precisamente en esto, en la gestión de mi tiempo, en la priorización de las tareas, en el control de lo planificado y en el seguimiento de los proyectos delegados.

Y es que si no dedicas un tiempo fijo y determinado para la gestión de tu tiempo, este se escapará entre tus manos. Lo urgente se comerá —literalmente— lo importante, lo que produce irremediablemente más tareas urgentes. Hay que apagar los fuegos de no haber hecho lo importante.

Así pues, dedico cada día tiempo a organizarme el día, y esto tiene ventajas importantes para la gestión del tiempo:

1. Sé cuándo reclasifico prioridades, cuándo reviso resultados, cuándo compruebo las fechas límite, y cuándo asigno tareas a terceros, así que el resto del tiempo no necesito hacer este trabajo continuamente. Es importante no pasar más tiempo decidiendo qué hacer que haciendo.
2. Reduzco de manera importante mi estrés. Sé que todo o casi todo está controlado, y si no, lo estará mañana a primera hora.

3. Me puedo concentrar en esta tarea, la más importante, la gestión de mi tiempo, de manera exclusiva y sin interrupciones ni distracciones.
4. Durante el día puedo saltar de tarea sin que la anterior me preocupe o persiga, sé que aplicando el sistema y las prioridades dadas, lo tendré hecho, resuelto o solucionado en el momento necesario.
5. Activo el modo «creativo» a primera hora, para después poder dedicarme al modo «gestión».
6. Los sapos grandes es mejor tragarlos a primera hora: tenemos todo el día para su digestión y además nos dan un *quick win*, una victoria para empezar el día; el asunto más importante, encarrilado.

Para ser más eficiente y perder menos tiempo yo utilizo una herramienta informática, en mi caso **Asana**, —«la máquina de los deberes» como la llama mi equipo—, que me permite no solo fijar mis tareas y repartir mis tiempos, sino también coordinar y gestionar los de mis diferentes equipos, en estos momentos más de quince proyectos empresariales y sesenta colaboradores.

Eso sí, aun utilizando tecnología, método y toda mi experiencia en estas lides, he de decirte que siempre quedan tareas sin terminar, reuniones que se alargan, proyectos que hay que reevaluar y volver a gestionar, etc., pero debes saber que es parte del sistema, que aunque no cumplas tus objetivos de gestión del tiempo al 100 %, con el trabajo diario y el método que te propongo estarás cada día más cerca de tu objetivo.

Siembra en todas las estaciones

⑤

«El mejor momento para plantar un árbol fue hace veinte años. El segundo mejor momento es ahora»

La historia del hombre cambió radicalmente cuando se pasó de la caza a la agricultura, cuando se pudo empezar a preparar el futuro, realizando acciones en el ahora que, con probabilidad, resolverán problemas del futuro.

La siembra continua es uno de los mejores hábitos que se pueden adquirir; multiplicará por mil las probabilidades de *tener suerte* en el futuro.

📖 ***Bergamoto y la suerte***

Iba Bergamoto encerrado en sus pensamientos cuando un ruido llamó su atención. Levantó la vista y vio a un joven ofreciendo agua de su cantimplora a un anciano que descansaba a la sombra. Poco a poco sus pasos le llevaron hasta ellos.

Nada más llegar, el joven ya se despedía del anciano y se disponía a continuar el camino. Bergamoto aceleró sus pasos para ponerse a su altura y presentarse.

—Siempre es agradable tener compañía durante el camino —se dijo.

Una vez que estaba a su altura se dio cuenta de que era un estudiante como él, y parecía de buena posición social.

—Soy Bergamoto, y mi camino coincide con el tuyo. ¿Te gustaría algo de compañía?

En ese momento el joven reparó en Bergamoto y le miró con una gran sonrisa.

—Por supuesto —le dijo—. Me llamo Yunqui, hagamos juntos el camino, ¿quieres agua o comida? Bergamoto aceptó una manzana que comió con ansia, pues llevaba dos día sufriendo las penurias de la soledad y la carestía.

No habían recorrido ni un kilómetro cuando llegaron a una aldea donde sus habitantes hacían corros y murmuraban mirando un almacén en construcción que ocupaba gran parte del pueblo.

Todo el pueblo estaba construyendo un almacén para la cosecha de ese año. No querían que pasase como años anteriores, cuando gran parte del trabajo se perdía cuando el monzón arrasaba sus pequeños almacenes.

El problema era que iban muy lentos, la cosecha ya estaba amontonada en la plaza, el monzón en camino y todavía no habían terminado el gran almacén.

El joven Yunqui se volvió a Bergamoto y le dijo:

—Yo me quedo aquí a ayudar a esta gente; tú puedes continuar el camino.

—Pero, ¿conoces a esta gente? ¿Vas a retrasar tu viaje para ayudar a estos desconocidos? —preguntó Bergamoto.

—Quiero ayudar a este pueblo y aprender cómo se hace un granero. Tú continua tu camino; si puedo, te alcanzaré más adelante —le dijo Yunqui.

Bergamoto continuo su camino, pero no dejaba de pensar en lo simple y disperso que era Yunqui. Retrasaría su viaje para ayudar a unos aldeanos que antes o después terminarían su granero y continuarían con su vida. ¿Y eso de aprender a hacer un granero? ¿Para qué le podíra servir a un joven de buena familia aprender un oficio tan básico? Y con estos pensamientos prosiguió su camino una semana. Al octavo día aún seguía pensando en Yunqui y en cómo se conocieron, en cómo le ofreció su manzana, y algo en su interior le obligó a dar la vuelta, a desandar el camino y buscar a su compañero de camino, que claramente necesitaba de su ayuda para que nadie más se aprovechara de su generosidad. Y así lo hizo.

Al tercer día del camino de vuelta a lo lejos divisó a una persona sentada a la sombra de un árbol. Enseguida se dio cuenta que era su amigo Yunqui, y con gran alegría se apresuró a llegar hasta él.

Según se acercaba se dio cuenta que algo no iba bien. Yunqui gritaba de dolor, tenía su pie atrapado en una trampa para tigres que algún cazador había puesto en la orilla del camino.

Bergamoto corrió a su encuentro y una vez allí le dijo:

—¡Qué suerte que decidiera volver sobre mis pasos! Si no, seguramente habrías muerto aquí solo.

Y rápidamente se dispuso a liberar a su amigo.

Sin embargo, Bergamoto no conseguía liberar la pierna de Yunqui. La trampa tenía un mecanismo muy complicado.

—Debes tirar de la palanca mientras con un palo aprietas en el hueco del lado —le dijo Yunqui con la voz temblorosa por el dolor. Y efectivamente, la trampa cedió.

—¡Qué suerte que conozcas estas trampas! Si no, habría sido imposible liberarte sin cortar el pie —dijo Bergamoto mientras vendaba el pie de su amigo.

Yunqui llevaba dos días atrapado en la trampa y estaba muy débil. Necesitaba agua, comida y descanso para poder recuperarse, pero en aquel lugar no había nada de eso.

Yunqui sacó de su bolsa una cuerda con un palo colgando, se la dio a Bergamoto y le dijo:

—Adéntrate en el bosque y gira el palo con la cuerda en círculos. Cuando notes una desviación, cava; allí encontraras el agua que necesito.

Así lo hizo Bergamoto, que volvió al cabo de una hora con la cantimplora llena de agua fresca.

—¡Qué suerte has tenido de tener este instrumento mágico para encontrar agua! —dijo Bergamoto—. ¿De dónde lo has sacado?

Yunqui le miró y le dijo:

—El año pasado me encontré con un zahorí que necesitaba ayuda. Pase con él un mes asistiéndole y aprendiendo su oficio, encontrar pozos de agua para los agricultores. Él me enseñó cómo utilizar un palo y una cuerda para encontrar agua.

No había terminado de beber el joven Yunqui cuando divisaron un carro que se acercaba por el camino. Era una joven agricultora de la zona que se detuvo para ver si necesitaban ayuda.

La joven enseguida reconoció a Yunqui. Era el joven que dos años atrás ayudó a parir a una de sus vacas cuando el ternero venía con problemas. Rápidamente se ofreció a llevar a Yunqui hasta la granja y ofrecerle la comida y el descanso que necesitaba para recuperarse.

Bergamoto se despidió de su amigo, deseándole una pronta recuperación, aunque por las heridas debería permanecer algunas semanas en cama.

Según se alejaba el carro, Bergamoto pensó lo tonto que podía ser el ser humano. Todo el mundo se aprovechaba de Yunqui y él no se daba cuenta. Nada de esto le habría pasado si no se hubiera quedado a ayudar a construir un granero.

Pero también se sorprendió de la gran SUERTE que finalmente había tenido al volver él sobre sus pasos, conocer el mecanismo de la trampa, el instrumento para buscar agua, la granjera que se había ofrecido a ayudarle... En definitiva, Yunqui era un tonto con suerte.

Este cuento refleja muy bien cómo solemos ver la siembra constante —consciente o inconsciente, pero siembra al fin y al cabo— en los demás, cómo nos suele parecer algo inútil que nos hace perder tiempo y recursos.

Eso sí, a la hora de evaluar los resultados, la suerte es la principal protagonista. Nos cuesta ver cómo en muchos casos esa supuesta suerte no es más que una consecuencia probable de nuestra siembra. En definitiva, confundimos la cosecha con la suerte.

Por eso, para tener cosecha cuando la necesitamos es muy importante haber sembrado, aunque en la mayoría de los casos sea la siembra de otros la que nos alimenta o nos da sombra. Sembrar de manera continua aumenta exponencialmente las probabilidades de obtener resultados positivos, aunque no siempre seamos conscientes de cómo ha sucedido.

Por eso, como en el cuento, aunque al sembrar nos consideren tontos, simples o dispersos, estaremos enviando posibilidades, recursos y habilidades al futuro, al momento en el que necesitemos ayuda.

Como lo llamen los demás no debe importarte. ¿Qué es la suerte? Pues eso, suerte; pero siempre es mejor buscar la suerte que esperar a que te encuentre.

Profundizando

Lo que para uno, en una circunstancia determinada, es un problema menor, para otros es un muro insalvable. ¿A qué se debe esto?

Fundamentalmente a las herramientas, recursos y opciones que cada individuo tenga en un momento determinado.

Pues de esto va la siembra continua. Si atesoramos herramientas, habilidades y experiencias estaremos preparándonos para resolver problema en el futuro, para salir de situaciones que de otro modo pueden llegar a ser insalvables.

Es cierto y muy probable, que algunas o muchas de las siembras que hagamos en nuestra vida no encuentren recompensa directa, o eso nos parezca, pero, ¿y si en el futuro necesitáramos esa ayuda?

Por eso, ante la duda, sembremos. Sembrar con una estrategia, buscando la semilla que mejor se adapte al terreno y a nuestros objetivos, mejor que mejor. ¿Que podemos sembrar otras cosas, aunque no sepamos muy bien para que nos pueden servir? Sembremos.

Y es que no tenemos nada mejor que hacer en nuestra vida que sembrar. Por un lado estaremos enviando probabilidades y posibilidades al futuro, y por otro lado nos estaremos ganando el permiso moral de utilizar la siembra de otros, necesaria para nuestros objetivos en el presente.

Debemos saber que en muchos casos nuestra siembra no llegará a darnos cosecha. Será muy difícil que nos resguardemos del sol bajo la sombra de un árbol plantado por nosotros mismos. Debe crecer y hacerse frondoso, y es ahora cuando necesitamos cobijo. Utiliza la sombra de un árbol que otro plantó, pero no te olvides de sembrar tus propios árboles para que otros puedan beneficiarse de su sombra dentro de muchos años.

Es cierto que la siembra continua no es siempre entendida en nuestra sociedad. Nuestra mente está programada para evitarnos esfuerzo, para mantenernos en una zona de confort, y cuando ve en los demás un exceso de esfuerzo tiende a lanzar mensajes simples para explicar este comportamiento, y que no sea imitado.

El que siembra es, en la mayoría de los casos, visto como un tonto.

Otras veces como alguien manipulable o influenciable, del que se aprovechan los demás, y para el resto es alguien disperso, incapaz de centrase en sus objetivos.

Sin embargo, esto está muy lejos de la realidad. El que siembra de manera continua no solo busca adquirir conocimientos y experiencias en su día a día, abrazando el principio de incertidumbre que tiene nuestra vida, sino también abrir nuevos caminos, puertas y ventanas que de alguna manera, en el futuro, le den opciones que de otra manera no tendría.

Por eso esta es, si cabe, la disciplina del dragón menos comprendida de todas. Provoca rechazo en los demás, y las mentes no quieren que se imiten estos comportamiento que requieren esfuerzo continuo sin un resultado claro y directo.

Muchos confunden esta disciplina con el altruismo, es decir, la tendencia a procurar el bien de las personas de manera desinteresada, incluso a costa del interés propio. Sin embargo, aunque no tengamos un interés directo, sí perseguimos un fin particular, sí esperamos una recompensa en el futuro, una cosecha que pueda alimentarnos cuando tenemos necesidad.

Así pues, la siembra continua, bien aplicada no solo nos irá nutriendo de herramientas, opciones y experiencias, no solo enviará posibilidades y probabilidades al futuro, sino que también contribuirá a hacer un mundo mejor en el presente, ya que nos llevará continuamente a hacer cosas buenas, ayudar y acercarnos a los demás.

Mi método

Te va a parecer mentira, pero la siembra, el trabajo para el futuro, hay que entrenarlo cada día. Si no, poco a poco te encierras en el ahora y tus problemas actuales, y pierdes la capacidad de invertir para el futuro.

Por eso yo integro esta disciplina en mi día a día, en mi vida personal y en la profesional, y obtengo grandes resultados.

En mi vida personal me reto continuamente para mejorar en todo lo que entiendo que lo necesita, no solo en mi formación y en mi información, sino también en todas mis capacidades y características que me definen como marido, padre y amigo.

En la faceta profesional también he integrado la siembra continua como una obligación semanal. Cada semana hacemos un programa de radio nacional, ahora mismo el de mayor audiencia en España sobre emprendedores, con 131 000 oyentes, donde invito al menos a cinco emprendedores, inversores, escritores y profesores para que puedan utilizar nuestro altavoz y proponer al ecosistema emprendedor sus necesidades.

Este sistema, junto a los portales de información para emprendedores y empresas mundoemprende.com, colaborum.info, infodespachos.com y enfranquicia.es, me permiten protocolizar el sistema de siembra con un método que, pase lo que pase durante la semana, me garantiza un nivel de siembra importante, nuevas personas que conozco, con las que empiezo a colaborar y sembrar potenciales colaboraciones.

También puse en marcha hace ya unos años aNerea, una asociación sin ánimo de lucro para ayudar, mediante el *mentoring* —el mío y el de otros colaboradores— a todo el que necesite ayuda a la hora de poner en marcha proyectos de emprendimiento.

La asociación ahora no solo te ofrece formación y consejo de profesionales reconocidos en cada materia, sino que también te permite acceder a servicios y productos de la comunidad con ciertas ventajas, y por qué no, ofrecer los tuyos al resto de asociados creando continuamente sinergias entre los socios.

A través de esta asociación participo dando conferencias, ponencias y moderando mesas en actos relacionados con la empresa, el emprendimiento y las nuevas economías.

Tal y como comentaba anteriormente, es bueno sembrar con un plan, con la idea de maximizar los resultados de la siembra. Por eso yo, siempre que puedo, me centro en mi sector, en los emprendedores, los autónomos y las pymes, pero aun así, si surge la oportunidad de sembrar en temas que nada tengan que ver con mis proyectos empresariales, también lo hago.

Mucha de mi actividad diaria, muchos proyectos a los que me dedico y que tantas satisfacciones me producen y muchos de mis colaboradores, vienen de siembras de hace unos años, unas planificadas y otras espontáneas, pero en definitiva inversiones del pasado que ahora me permiten no solo trabajar y disfrutar de mi vida, sino también seguir sembrando cada día para que el sistema se realimente y me ofrezca su cosecha en un futuro.

Provoca al universo

«El que provoca al universo cosechará su respeto»

Nacemos queriendo explorar y cambiar nuestro entorno, nadar a contracorriente para remontar los ríos, pero cuando llega el sufrimiento, los problemas y las frustraciones, buscamos la manera de dejarnos llevar y conformarnos con lo que *el destino* tiene para nosotros.

📖 **Bergamoto y el pato de Chin-lang**

Nada más despertar Bergamoto empezó a imaginarse esa misma noche en la posta de Chin-lang, comiendo su conocido pato pequinés, un plato que preparaban solo los sábados y que en los últimos años había cobrado gran fama, hasta el punto de que las gentes del lugar se reunían para degustarlo.

Bergamoto pudo saborearlo hace cinco años, cuando coincidió por casualidad un sábado por la zona. Desde entonces, todos los años hacía coincidir su etapa del viaje en sábado para intentar degustar el manjar, aunque la verdad, sin mucho éxito. Un año no había sitio, otro se habían acabado los patos, otro se quedó dormido y llegó tarde, y el último año le robaron ese mismo día el dinero para la cena. En fin, que tenía muchas ganas de volver a probar esta delicia de la gastronomía local.

Bergamoto decidió que, como fuera, este año volvería a comer el pato en la posta de Chin-lang, así que diseño un plan para que nada pudiera fallar.

Empezaría su camino dos horas antes de lo habitual; quería llegar pronto para coger sitio y evitar así que algún contratiempo del camino le pudiera hacer llegar tarde. Y así lo hizo.

Además se desviaría del camino para pasar por la granja de patos que servía a la posada; quería comprobar que el suministro de patos para ese sábado fuera suficiente, y aunque le retrasaría quince minutos, así lo hizo. Y menos mal, porque nada más llegar tuvo que ayudar a la granjera con el carro que se dirigía a la posada: una de las ruedas se había salido y no tenía manera de poder reemprender la marcha sin ayuda.

Bergamoto, satisfecho por haber solucionado el problema de suministros, continuó su camino. Llevaba ya treinta minutos de retraso, pero aún iba con ventaja.

Continuó su camino cuando divisó a lo lejos lo que parecía un hombre persiguiendo a un burro. El hombre intentaba hacerse con el animal, que huía para no ser capturado. Según se acercaba, Bergamoto se asustó: una situación parecida había desencadenado años atrás el robo de su dinero, el que tenía guardado para disfrutar del pato de la posta de Chin-lang.

Al llegar junto al hombre le preguntó:

—¿Qué ha pasado? ¿Por qué persigues a ese asno?

—Una serpiente en el camino le asustó y me tiró al suelo. Ahora no se deja coger y tengo mucha prisa, he de llegar a la posta de Chin-lang —espetó el hombre mientras corría detrás del asno.

Por la cabeza de Bergamoto pasaron muchas ideas. La primera fue: ¿por qué ayudar a este hombre, que sería su competencia para encontrar sitio en la posta? Después, acordándose de lo sucedido años atrás pensó: ¿no será un truco para distraerme y robar mi dinero? E instintivamente cambió su bolsa de monedas de sitio. Pero poco a poco se fue convenciendo que debía ayudar a ese hombre, que solo nunca atraparía al asno, y que además, tal vez, después de ayudarlo y como gratificación, le llevaría a lomos del borrico hasta la posta de Chin-lang.

Y así lo hizo. Con su ayuda tardaron una hora en atrapar al asustadizo animal. El hombre le dio las gracias, montó en el asno para emprender su camino y le dijo:

—Te llevaría conmigo parte del camino, pero llego muy tarde y necesito ir rápido. Muchas gracias por tu ayuda.

Y desapareció a lo lejos.

En cuanto el desconocido se alejó, un escalofrío recorrió el cuerpo de Bergamoto. Rápidamente buscó la bolsa con las monedas de oro; allí estaban.

Justo a su espalda una voz le sobresaltó:

—Guarda bien tu oro, hay por aquí mucho ladrón que espera a los viajeros como tú para robarles.

Al darse la vuelta contempló con tranquilidad que se trataba de una pareja de soldados que vigilaban el camino.

Rápidamente pensó en compartir su comida con estos soldados y así poder descansar tranquilo antes de afrontar la subida a la posta. Aún tenía treinta minutos de ventaja sobre el horario previsto, y así lo hizo. Preguntó a los soldados:

—Ya es la hora de almorzar. ¿Quieren comer conmigo a la sombra de aquel gran árbol? Tengo suficiente comida para los tres.

Los soldados, que estaban hambrientos, aceptaron la invitación y comieron tranquilamente con Bergamoto.

Después de comer copiosamente y con el cansancio del camino, Bergamoto empezó a sentir sueño y pidió a sus compañeros de comida que no le dejaran dormir mucho, ya que debía proseguir su camino. Solo podía dormir media hora. Los soldados, agradecidos por la generosidad de Bergamoto, le prometieron despertarle.

Ya había anochecido cuando Bergamoto despertó. Junto a él dormían plácidamente los dos soldados: no le habían despertado. Ya era muy tarde, no iba a conseguir sitio para cenar… Aun así Bergamoto se levantó de un salto y sin despedirse de los soldados se puso en marcha a paso rápido para intentar llegar lo antes posible.

Cuando Bergamoto llegó, estaba ya la posta llena y ni una sola mesa libre. De nuevo había fracasado un año más. Cuando ya se iba a dar por vencido, una cara conocida le hizo señas: era la granjera de patos, que acababa de terminar su comida y le ofrecía su sitio para cenar. Bergamoto pensó:

—Ha merecido la pena el esfuerzo, por fin comeré pato.

Ya sentado en su sitio el dueño de la posta le dijo:

—¿Qué desea comer? El pato se nos ha terminado.

Un jarro de agua fría calló sobre Bergamoto. ¡Tan cerca y de nuevo no sería posible! Levantó la cabeza para mirar al posadero; su cara de decepción lo decía todo. Pero al mirarse, ambos se reconocieron. ¡Era el hombre del asno, al que ayudó a atrapar al animal!

El dueño, al reconocer a Bergamoto le dijo:

—Déjame ver qué puedo hacer. Siempre guardamos alguno para los amigos y la familia; en seguida vuelvo.

Bergamoto respiró tranquilo, lo iba a conseguir. Entonces, inconscientemente echó la mano a su bolsa de monedas y comprobó que estaba vacía.

Un sudor frío recorrió su cuerpo: no tenía dinero y ya había pedido. ¿Cuándo le habían robado? ¿Los soldados? ¿Un ladrón mientras dormían bajo aquel árbol?

Después de todo el trabajo para garantizarse esta cena, había fracasado en el último momento. Pero además, no sabía que consecuencias tendría para él no tener dinero para pagar.

La puerta de la posta se abrió y entraron los dos soldados con los que había compartido la comida ese mismo día. Parecía que buscaban a alguien. Era a él. Se acercaron y le dijeron:

—Nos despertamos y ya te habías ido. Continuamos nuestro camino y nos fuimos encontrando monedas. ¿Son tuyas?

Bergamoto sonrió, comprendiendo que por fin podría disfrutar de su pato, de esa cena que tanto esfuerzo le había costado.

Este cuento es un fiel reflejo de cómo funciona la provocación al universo, de cómo podemos intentar provocar que las cosas sucedan, aunque tengamos claro que no podemos controlar todos los factores de la ecuación.

No podemos confundir la provocación al universo con la teoría mágica de «proponérselo es poder». No tiene nada que ver. Aquí hablamos de trabajar a tu favor, de aumentar en la medida de lo posible las probabilidades de que algo pase, aunque después, en muchos casos, siga sin suceder.

Está claro que si te propones algo, trabajas duro —muy importante— para aumentar tus opciones y tienes en mente tu objetivo en cada decisión que tomas, aumentarán las posibilidades de que llegue a suceder; pero como decía, trabajando para hacer que las cosas sucedan.

En este cuento, Bergamoto trabaja para su objetivo. No todo le ayuda, o no como esperaba, pero finalmente, como pasa en la vida, decisiones inconscientes —eso sí, con el objetivo en mente— terminan solucionando un problema y llevándolo hasta el éxito.

Por eso, si quieres que algo suceda, haz como Bergamoto. Provoca al universo, traza una estrategia y trabaja duro. Aumentarás tus opciones de tener éxito.

Profundizando

La capacidad de influencia en nuestro entorno es mucho mayor de la que nosotros habitualmente creemos tener. No solo sobre las personas, sino también sobre los sucesos y opciones que se puedan ir abriendo a nuestro alrededor.

El gran problema viene por una de nuestras plantillas para simplificar la realidad; hablamos del sistema de causa–efecto que tan interiorizado tenemos.

Tendemos a atribuir una causa única, o al menos la principal, a cada efecto que medimos. Esto nos pasa, por ejemplo, a la hora de evaluar decisiones tomadas, atribuyendo una causa a cada efecto.

Pues tengo malas noticias: la mayoría de las causa son solo un porcentaje muy pequeño de los efectos que se producen. Debemos acostumbrarnos a aceptar las multivariables y aprender a vivir con ellas. Dejaremos el sistema determinista para entrar en la probabilidad y su incertidumbre.

Este cambio mental no es sencillo. En muchos casos podríamos definirlo como aterrador. Ninguna causa, ninguna acción, garantiza al cien por cien un efecto, una consecuencia, y esto, para muchos, resulta cuando menos inquietante. Sin embargo, si observas la realidad, te darás cuenta que es así como funciona.

Sin embargo, cuando eres capaz de interiorizar este esquema mental, se abren ante ti miles de opciones para poder influir en el universo, para poder provocar que las cosas pasen, para poder trabajar hacia un resultado concreto aumentando las probabilidades de que suceda.

Piensa también cómo este esquema mental, diluye la sensación de destino cerrado, de resignación ante las cosas que puedan suceder. Siempre hay alguna variable sobre la que podemos trabajar para aumentar las probabilidades, aunque no sea la principal, aunque esta no dependa de nosotros.

También es cierto que nos devuelve la responsabilidad. Si las cosas no suceden como nos gustaría, siempre podríamos haber hecho más, haber trabajado con más variables, haber utilizado una estrategia más agresiva.

Este sistema de pensamiento es mucho más exigente, nos obliga a estudiar cada problema, a asignar influencia a los diferentes factores, a trazar estrategias para maximizar probabilidades, a poner en marcha acciones laterales que nos puedan llegar a favorecer... En definitiva, nos obliga a trabajar en cada problema sin resignarnos a nada.

Después, como en casi todo, debemos contar con un enemigo, ese que va sobre nuestros hombros y que, como ya he comentado, está programado para evitarnos esfuerzos, para mantenernos en zonas de tranquilidad y eficiencia en el gasto.

Nuestra cabeza prefiere esquemas simples, causa–efecto, y si la causa no depende de nosotros, esperar que el efecto sea el esperado, muchas veces sabiendo que no se producirá o que hay muy pocas probabilidades de que eso ocurra. Nos engañanos con altas dosis de esperanzas infundadas.

Hay una frase en ingles que resume muy bien esta idea: *let's make it happen*. Yo la separaría en dos conceptos clave. La segunda parte de la frase —*make it happen*— traducido como «haz que pase», «provoca que suceda» —eso sí, sin olvidar que hemos salido ya del esquema determinista, y que nada de lo que hagamos tendrá un 100 % de probabilidades de causar un efecto—, y una primera parte que en inglés tiene un matiz muy importante: *let's*. El verbo *to let* indica acción, «hagamos que suceda», pero este mismo verbo también significa «permitir», es decir, «permitámonos que suceda». Y aquí está el matiz interesante: en muchos casos debemos permitirnos que algo suceda, es nuestra mente quien lo frena.

Bienvenido al mundo multivariable, al de las probabilidades, al de la reevaluación constante de riesgos que te permitirá influir más o menos sobre las cosas que suceden a tu alrededor y que terminan afectándote.

Una vez que seas capaz de abrazar esta idea y sus posibilidades, prepárate para la creación de nuevos caminos hacia la solución que se generan en tiempo real, provocados en parte por tu trabajo de manipulación del universo, que te permitirán llegar a la solución por lugares que sencillamente no existían segundos antes. ¡Apasionante!

Eso sí, recuerda que todo gran poder conlleva también una gran responsabilidad. Ya sabes que puedes trabajar para influir sobre el universo, pero también debes interiorizar tu parte de responsabilidad cuando las cosas no salen como te gustaría, o cuando sí lo hacen.

Mi método

Como siempre, te propongo un juego: trabajar tu capacidad para influir en tu entorno, pero por ahora de una manera sencilla y sin grandes consecuencias.

Lo importante es darse cuenta cuanto antes del gran poder que tenemos, de la gran capacidad de influencia con la que contamos, pero que en la mayoría de los casos no somos capaces de explotar, al menos conscientemente y con un objetivo preestablecido.

Te propongo lo siguiente: mañana tu objetivo será que la gente de tu entorno diga la palabra «chaleco». Puede ser esta palabra o cualquier otra. Yo elegí esta por no ser habitual en un día normal. Claro, si trabajas en una tienda de chalecos tal vez debas buscar otra palabra.

Recuerda que juegas contra ti mismo. No te hagas trampas al solitario. Está claro que puedes simplemente pedirle a alguien que diga la palabra y seguramente lo hará, pero intenta complicar el juego.

También puedes intentarlo con una pregunta. «¿Cómo se llamaba esa prenda sin mangas... que nunca me sale»? y alguien dirá: «chaleco».

Otra opción es preparar una conversación que lleve a la otra persona a decir en algún momento la palabra clave.

Así, poco a poco, ve subiendo la apuesta, prepara tu plan, ponlo en marcha, rectifica, ve creando las situaciones necesarias para provocar... Provocar al universo para que «chaleco» sea la palabra más utilizada en tu entorno.

Te darás cuenta de que si te lo propones, lo trabajas y vas ajustando el plan a las circunstancias, puedes hacer que las cosas sucedan. Cosas simples, como que digan «chaleco» u otras más complicadas y más importantes.

Esta es una gran habilidad y merece la pena entrenarla. Te darás cuenta de que alguna gente a tu alrededor juega con ventaja, conoce este poder, hace que las cosas sucedan o al menos tengan más probabilidades de suceder.

Piensa en un ascenso en tu empresa. ¿Nos sentamos a esperar a que se den cuenta de tu valía o provocamos que pase?

Un proceso de selección. ¿De verdad piensas que no hay nada que puedas hacer para aumentar tus probabilidades?

Una venta, una financiación, un proveedor, una sinergia, una colaboración, cualquier cosa que necesites que pase, tiene un plan que puedes poner en marcha y que aumentará las probabilidades de que suceda.

Te recomiendo que juegues con el poder que todos tenemos, que lo entrenes, que aprendas a provocar al universo. Cambiará tu manera de ver la realidad, te darás cuenta de la enorme responsabilidad que finalmente tenemos en la mayoría de cosas que nos suceden y, sobre todo, en las que no nos suceden.

Eso sí: recuerda que yo llevo jugando muchos años y entreno cada día. Creo, modestamente, que he llegado a ser bastante bueno, pero sin embargo, muchas cosas, más de las que me gustaría, no salen como y cuando uno quiere: estamos hablando de probabilidades.

Debes entender que jugamos a provocar al universo, no determinamos su funcionamiento. Debes estar preparado para que las cosas no funcionen, y aun así apoyarte en las victorias para seguir entrenando y mejorando tus habilidades.

Mejora la mejora

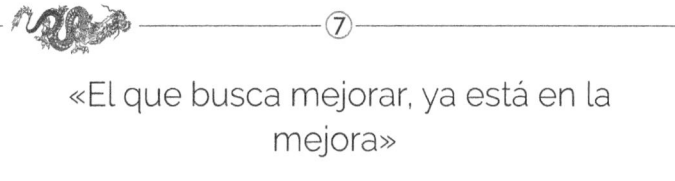

«El que busca mejorar, ya está en la mejora»

Todo puede mejorarse, y eso no quiere decir que la solución anterior no fuese válida. En la mayoría de las ocasiones las mejoras son procesos que nos permiten avanzar desde soluciones ya aplicadas, y que sería imposible plantear desde el inicio de la solución de un problema. Vivir en la mejora continua es vivir en el cambio, vivir en la incertidumbre, algo para lo que tenemos que entrenar cada día.

📖 **Bergamoto y la vasija mágica**

Iba Bergamoto pensando en el mejor camino para llegar a casa de su maestro, cuando por el camino se encontró con niño y su burro.

El burro portaba dos grandes vasijas en las que el niño iba echando piedras mientras el burro pastaba plácidamente.

Se acercó Bergamoto y le preguntó:

—¿Para qué recoges piedras y las metes en esas vasijas?

El niño contestó:

—Para construir nuestra casa en lo alto de esa montaña.

Bergamoto levantó la mirada para divisar el lugar que el niño indicaba, y se dio cuenta de lo lejos que estaba de su casa. Entonces le preguntó:

—¿Y por qué vienes tan lejos a recoger las piedras? Son muchas horas de camino hasta la cumbre de esa montaña.

El niño sonrió y le dijo:

—Aquí es donde están las piedras, la grava y la arena que necesita mi familia para construir una casa fuerte y segura para el invierno.

Bergamoto decidió ayudar al pequeño y hacer así un poco más llevadero su enorme trabajo. Cuanto antes llenara las vasijas del burro, antes podría emprender su largo camino hasta la cima de la montaña.

Cada piedra que encontraba la metía en una de las vasijas. Así en un par de horas consiguió llenar su vasija y se lo dijo al niño.

—Tu vasija y la mía ya están llenas, puedes emprender tu largo camino hasta la cima de la montaña.

El niño se acercó, comprobó las vasijas y le dijo:

—Hace unos días tendría razón, estas vasijas estarían listas para emprender el largo camino hasta la cima, pero ahora sé que todavía caben más piedras.

Bergamoto, incrédulo le dijo:

—Te aseguro, chaval, que es imposible que puedas meter más piedras en estas vasijas. Ya no caben más.

Según estaba terminando la frase, el niño empezó a meter gravilla en la vasija llena de Bergamoto. Las piedras pequeñas iban cayendo y llenando los huecos que las piedras grandes habían dejado.

Bergamoto quedó asombrado.

—¿Cómo se te ocurrió? —preguntó Bergamoto.

Contestó el niño:

—Para construir nuestra casa necesitamos piedras, gravilla y arena, y cada trayecto hasta la cima de la montaña es casi un día de camino. Es mucho tiempo para pensar cómo conseguir aprovechar el viaje.

El primer día cargué una vasija llena de piedras y otra de gravilla ,y la llevé hasta la cima donde trabaja mi familia. Según descargué me di cuenta que sin la arena no podían trabajar, así que rápidamente volví al camino.

El segundo día llené una vasija con arena para igualar las piedras y la gravilla del día anterior, y la otra con arena hasta un tercio, gravilla otro tercio y piedras el resto.

Cuando descargué ese día mi familia ya pudo comenzar a trabajar con la vasija de arena. Sin embargo, la idea de transportar los tres elementos juntos no había funcionado: la vasija en cuestión pesaba menos que la otra y llevaba pocas piedras para construir la casa.

Según bajaba el tercer día iba pensabando en cómo organizar los viajes. Me senté en el río a descansar, y cuando ya me iba surgió la idea: al igual que el agua cubría las piedras de su lecho, la grava y la arena podrían hacer lo mismo en mi vasija.

Y así el tercer día cambié el orden: primero lleno las vasijas con piedras grande y después relleno con gravilla, para terminar cubriendo todos los huecos con la arena.

Cuando llego a casa mi familia tiene todo el material que necesita para trabajar un día más.

Bergamoto estaba asombrado de cómo un niño de tan corta edad había podido mejorar el sistema de transporte de los materiales para la construcción de su casa, agilizando así la construcción y reduciendo el número de viajes.

Bergamoto, ya despidiéndose del niño le dijo:

—Has encontrado el mejor sistema, no se puede mejorar. Subes todo el material de trabajo para tu familia y haces el menor número de viajes posible. ¿Qué más se puede pedir?

El niño sonrió, miró a Bergamoto y dijo:

—¿Aprovechar las vasijas vacías cuando bajo de la montaña?

Cuando la mejora continua entra en nuestro esquema mental, rompemos para siempre una de las barreras más importantes que nuestra mente impone: la finitud de las soluciones.

Como pasa en este cuento de Bergamoto y la vasija mágica, la solución se puede ir mejorando de manera continua, y muchas veces no se puede llegar de A a C sin haber transitado por la B. En definitiva, debemos ver la solución como un proceso refinable y mejorable hasta el infinito.

Es importante entender cómo funciona. Si no, un sentimiento de fracaso nos puede hacer abandonar la senda de la mejora continua, una sensación de no haber hecho lo suficiente en la primera fase de resolución, ya que las pruebas nos recuerdan que hay una mejor solución que la que estamos aplicando ahora, y pueden llegar los reproches: «¿Cómo es que no se me ocurrió antes?».

La solución a un problema es un proceso, no un elemento independiente; es un sistema que se alimenta de muchos factores, experiencias y momentos que nos permiten unir un punto con otro, conexiones que solo hace unos minutos no existían.

Así pues, cuando uno comprueba que las soluciones se pueden mejorar hasta el infinito, el proceso de solución deja de ser estático y se convierte en eso, en un proceso de mejora continua.

Profundizando

En estos tiempos se habla mucho de los sistemas de calidad, de la mejora continua y de todo lo que tiene que ver con esta filosofía empresarial y de vida.

La verdad es que no es nada nuevo. Se trata del mecanismo habitual de evolución, de ir añadiendo mejoras a las soluciones para conseguir mejores resultados en diferentes áreas de la resolución de un problema, según las necesidades de cada momento.

Sin embargo, en lo que sí hemos avanzado es en el método a aplicar para garantizar que las organizaciones creen, implanten, documenten y evalúen planes de calidad que permitan, mediante un protocolo de actuación, orientar la cultura de la empresa o de la persona hacia la necesidad de evolucionar y crecer constantemente hacia soluciones más eficientes.

El planteamiento como proceso también es fundamental, ya que nos permite ir superando etapas —que entendemos imprescindibles— y hacer desaparecer el sentimiento de fracaso que puede llegar a producir, de manera paradójica en la mejora de un proceso, de un sistema o de una solución.

Así pues, debemos amoldar nuestra mente para el cambio constante, y no será fácil. Nuestra mente tenderá a sacarnos de esta dinámica en cuanto pueda. Está programada precisamente para lo contrario, para mantenernos tranquilos y seguros, y todos sabemos que los cambios no aportan ni seguridad ni tranquilidad.

Aun así, la mejora continua merece la pena, nos obliga a crecer, a mejorar, a renovar nuestro compromiso día a día, y sobre todo nos abre la mente a la posibilidad de mejorar cualquier cosa: nuestra eficiencia, nuestra gestión del tiempo, la rentabilidad de un proyecto, la velocidad de ejecución de una tarea, etc.

Eso sí, la mejora continua requiere de mucho trabajo y dedicación; no es mágica, no vale con plantearse mejorar para conseguir la mejora, aunque ya solo el hecho de plantearte mejorar te coloca en mejor posición que antes de planteártelo. La mejora continua necesita esfuerzo y trabajo duro.

Lo más importante para poder mejorar un proceso, una tarea o un proyecto es identificarlo. Debemos dedicar tiempo a evaluar cada pieza del rompecabezas para detectar qué es más eficiente mejorar, cuándo y en qué parámetro, y hacer una pequeña estimación del esfuerzo y de las mejoras a conseguir.

Con esta información podremos gestionar nuestra mejora continua, pondremos en orden las mejoras y le asignaremos un tiempo y esfuerzo a dedicar.

Una vez que la mejora empieza a trabajarse, debemos reevaluar continuamente el avance: si realmente estamos consiguiendo avanzar hacia la mejora o debemos replantearnos el proceso.

Y finalmente, debemos medir y cuantificar el avance, dependiendo del parámetro de mejora, incluso calcular el ahorro de costes, de tiempo o de esfuerzo que hemos conseguido y su rentabilidad. Este proceso de evaluación te dará argumentos para continuar con el proceso de mejora continua.

Te recomiendo que no empieces por «mega–mejoras». Parte el proceso en piezas más pequeñas y trabaja mejoras más rápidas, de consecución y de resultados. Así podrás tener *quick wins* o éxitos rápidos, que te permitan justificar el esfuerzo.

Piensa que si mejoras cada pieza del engranaje estarás mejorando el sistema, y esto te ayudará a no perderte en trabajos faraónicos, que normalmente darán argumentos a tu mente para que abandones el esfuerzo que siempre supone el cambio.

Si debes aplicar mejora continua en proyectos con equipo participante, es muy importante que los involucres desde el principio. Aquí ya no jugaras solo con la resistencia de tu mente, sino que deberás enfrentarte a la resistencia al cambio de cada una de las personas del equipo.

Por eso, en las organizaciones es fundamental inculcar la necesidad de la mejora continua desde el primer día, en lo que se conoce como cultura de empresa, que será transmitida por y desde todos los rincones de la organización.

Pero he de decir que donde mejor funciona la mejora continua es cada uno de nosotros, transformando nuestra manera de estar en el mundo, pasando de la filosofía de la resignación a la filosofía del esfuerzo y la transformación, algo que nos capacita para enfrentarnos a la realidad, en cualquier momento cambiante.

Esta es complicada de adaptar a nuestro esquema mental, pues va desde su misma raíz en contra de nuestra mente, e imponerla producirá, de una manera u otra, rechazo.

Mi método

Es cierto que la mejora continua va en contra de nuestra mente, más preocupada en reducir el esfuerzo, el trabajo y la incertidumbre que supone el cambio.

Por eso, para recordarlo cada día de mi vida, recuerdo una historia que me contó mi abuelo y que describe perfectamente por qué hay que refinar los sistemas cada cierto tiempo, y cómo a poco que te esfuerces, conseguirás importantes mejoras, por muy establecido que esté el sistema.

Mi abuelo José, coronel del Ejército, me contaba lo que le pasó al tomar el mando de un cuartel. He de decir que años después he oído esta historia de boca de otros muchos militares. Tal vez se la atribuyo a él, y en realidad es una historia sin protagonista, pero a mí me gusta pensar que le pasó a él.

Decía mi abuelo que al entrar al mando del cuartel pidió a su segundo que le diera la posición y turnos de vigilancia del cuartel. Hablamos de una época difícil, en un lugar conflictivo, en aquellos años.

Tras repasar la ubicación de los puestos de vigilancia le sorprendió uno especialmente, ya que no estaba situado en la periferia del cuartel, sino en el centro del mismo, en una zona baja, sin apenas visibilidad.

El segundo le confirmó el puesto de vigilancia. De hecho, desde hacía cuatro años que él estaba, todos los días se hacía guardia en esa posición en tres turnos: mañana, tarde y noche.

Al preguntar mi abuelo la razón de tener allí un puesto de vigilancia nadie supo darle explicación.

Después de un tiempo investigando dieron con un sargento que llevaba muchos años en el destino y que sabía las razones de tan peculiar puesto de vigilancia.

Mi abuelo esperaba un razonamiento estratégico incontestable para que sus antecesores tuvieran un puesto de vigilancia en el lugar que ocupaba, en el centro del cuartel, sin visibilidad y junto a un banco, pero se llevó una gran sorpresa.

El sargento le contó que la verdad es que se empezó a hacer guardia en ese punto hacía cinco años, coincidiendo con la última vez que se pintó el banco. Parece ser que se puso a un soldado para avisar de que el banco estaba recién pintado, y desde entonces siempre podías encontrar un soldado en esa posición, mañana, tarde y noche.

Esta historia me ayuda a recordar cada día que los sistemas, las formas de hacer las cosas y los protocolos pueden ser mejorados, pueden afinarse, y que la curiosidad y la capacidad para cuestionar lo establecido nos pueden llevar cada día a ser mejores en cualquier cosa que hagamos.

Es cierto que, además, mi propia experiencia realimenta esta convicción, y es que cuando eres capaz de mejorar sistema y proceso cada día, te das cuenta no solo de que es posible, también de que siempre hay una mejora que implantar por mucho que ya hayas refinado un sistema.

Esta es una experiencia que debes atesorar; la mejora siempre es posible, y no todas las posibles mejoras están presentes desde el principio. La mejora continua debe ser eso, continua, un proceso.

Para entrenar esta capacidad juego con las tareas del día a día, con cosas simples que no tienen gran importancia ni generan consecuencias importantes.

He de decir que soy un experto en hacer tortillas francesas con jamón york para mi hijo, su cena una vez a la semana. Y digo que soy un experto porque utilizo esta tarea rutinaria para aplicar las técnicas de mejora continua.

Durante un tiempo afiné el proceso de cocinar la tortilla para tardar el menor tiempo posible, después para abrir el menor número de armarios y puertas, para conseguir el sistema más eficiente en costes, para manchar lo menos posible, etc., y así busco cada vez un reto nuevo que me permita mejorar el proceso según el parámetro elegido. Es cierto que visto desde fuera es una locura, y que mi familia no termina de entender las excentricidades que organizo para hacer una simple tortilla.

Te recomiendo este ejercicio, hay miles de tareas rutinarias que haces durante el día que puedes ir trabajando: desplazamiento al trabajo, protocolo matinal de ducha – vestirse – desayuno, o cualquier otro proceso repetitivo que hagas durante el día.

Recuerda, todo proceso es mejorable.

Tigre, serpiente, conejo

— ⑧ —

«Busca el dragón, rápido y fuerte como el tigre, inteligente y ambicioso como la serpiente, prudente y humilde cual conejo»

Nuestra manera de enfrentarnos a los problemas no ayuda, en la mayoría de los casos, a obtener una solución beneficiosa. Somos aficionados a simplificar, a ver los problemas aislados de su realidad, a no comenzar la resolución de los mismos hasta no tener una falsa certeza de seguridad, y una vez en marcha somos excesivamente conservadores para llegar rápidamente a la solución, algo que este cuento de Bergamoto y el dragón nos hace visualizar.

📖 **Bergamoto y el dragón**

Estaba Bergamoto meditando con su maestro cuando un joven estudiante llamó a la puerta.

Bergamoto le hizo pasar a la habitación donde su maestro meditaba, y le invitó a acompañarles durante sus ejercicios.

Una vez terminaron el joven estudiante dijo:

—Maestro, he venido hasta aquí para hacerte una pregunta. ¿Qué animal debo ser para llegar a mis objetivos?

El maestro le miró unos segundos y le dijo:

—Ve y encuentra un tigre, acecha una serpiente y espía a un conejo. Cuando lo hayas hecho vuelve y cuéntanos qué has aprendido.

El estudiante, muy contento por la misión que le había encargado el maestro, salió de la casa y emprendió el camino.

Pocas semanas después volvió a sonar la puerta de la casa del maestro. Era de nuevo el joven estudiante, que quería contarle al maestro lo que había observado en su viaje.

El maestro de Bergamoto preguntó al joven estudiante:

—¿Has podido acechar a una serpiente?

El estudiante, mientras asentía, empezó a contar la historia:

—No creo que deba parecerme a una serpiente; son demasiado ambiciosas. De hecho, siempre cazan presas más grandes que ellas y tienen muchos problemas para poder comérselas. Deben incluso desencajar su mandíbula para poder hacerlo.

Tampoco creo que deba ser un conejo; se conforman con comer lo que está más cerca de su madriguera, siempre arriesgando poco y antes de alejarse comprueban todos los posibles peligros una y otra vez.

Pero tampoco querría ser un tigre; son rápidos, fuertes e impresionantes, pero la mayoría de las veces no consiguen su objetivo. Son mayoría las presas que se le escapan y consiguen huir.

Creo, maestro, que no debo ser ninguno de estos animales.

El maestro de Bergamoto replicó:

—Si ninguno de estos animales te satisface, sal ahí fuera y busca un dragón. Creo que definitivamente es el animal que deberías ser.

El estudiante, desconcertado, se puso en marcha.

—Los dragones no existen, ¿cómo encontraré un dragón? —pensaba mientras salía por la puerta.

Bergamoto se dirigió al maestro y le dijo:

—Maestro, sabes bien que los dragones no existen. ¿Cómo va nuestro estudiante a encontrar uno?

El maestro, justo antes de entrar en meditación, le dijo:

—Le he pedido que busque. Ya sé que no encontrará un dragón, igual que no encontrará en ningún animal todas las virtudes que necesita.

—Y entonces, maestro, ¿qué animal debe ser? —replicó Bergamoto.

—Si hace su trabajo, será dragón. Un poco de serpiente para pensar a lo grande, un poco de conejo para ser prudente y empezar pequeño y un trocito de tigre para crecer rápido.

El joven estudiante nunca más volvió. O la misión del maestro le pareció una locura, o entendió lo que necesitaba para conseguir sus objetivos, o tal vez encontró un dragón.

Cuando leí por primera vez este breve cuento obtuve una enseñanza importante. No debemos conformarnos con un solo animal, con una sola referencia: las cosas no son ni blancas ni negras, sino que se mueven en una gama infinita de grises.

Pero es cierto que según ha ido avanzando mi vida he podido sacar otras enseñanzas tan importantes o más que la inicial.

En este cuento, Bergamoto y su maestro nos dan la clave para poder afrontar cualquier problema, cualquier tarea, cualquier proyecto que queramos poner en marcha. Nos dan el método para enfrentarnos a la vida, ahí es nada.

Es un cuento que, la verdad, ha sido importante en mi vida. Ha sido capaz de moldear mi mente para afrontar cualquier desafío, con la tranquilidad de estar aplicando un sistema que ya he aplicado en centenares de ocasiones con resultados positivos.

Profundizando

La resolución de problema siempre nos produce incertidumbre. ¿Seremos capaces de solucionarlo? ¿Lo conseguiremos a tiempo? ¿Será la mejor solución? ¿Saldremos de esta? Son preguntas habituales que hacemos ante la necesidad de afrontar un problema, una tarea o un proyecto.

Ya hemos hablado de cómo funciona nuestra mente, de su necesidad de tener un método confiable que poder aplicar, que reduzca los niveles de incertidumbre y por ende el estrés que nos produce.

Así, si somos capaces de confiar en un método de resolución de problemas que nos proporcione tranquilidad —lo cual suele venir de la experiencia en el uso del mismo—, que nos recuerde que en el pasado ya nos sirvió para resolver diferentes problemas más o menos importantes, tendremos medio camino recorrido hacia la solución.

La primera técnica es la capacidad de salirnos del problema para poder ver más allá. No es bueno ver únicamente los detalle pequeños; debemos evaluar el problema en su conjunto, en su entorno, y no limitarnos a una solución temporal o de compromiso.

Esto, cuando estás en el problema, es más fácil decirlo que hacerlo, pero si somos capaces de entrenar esta capacidad cuando estemos inmersos en lo urgente, podremos evaluar también lo importante. Esto marcará la diferencia a la hora de encontrar una solución válida y duradera a nuestro problema.

Busca siempre soluciones globales y a largo plazo, piensa a lo grande, no permitas que tu mente te haga pequeño y condicione tus soluciones, borra cualquier limitación predefinida, evalúa todos los caminos posibles, aunque te parezcan impracticables; en la mayoría de los casos no es tanto un problema de camino como de caminante.

Pero a la vez, trabaja la capacidad para resolver con incertidumbre, para empezar pequeño; no esperes a tenerlo todo atado, porque eso nunca pasa y es la artimaña más vieja que tiene nuestra mente para que no nos arriesguemos, para detener nuestro plan, para no dejarnos avanzar hacia la solución.

Cómo decíamos en la primera técnica, es importante tener una estrategia, un plan diseñado, pero no debemos confundir esto con la seguridad de tenerlo todo previsto y preparado. El espejismo de la perfección y el control mata la capacidad de resolución de muchos problemas; no nos ponemos en marcha hasta no dar con todos los parámetros de la solución, y esto no suele aparecer desde el principio, sino que es más bien un proceso.

Entrena la imperfección, el riesgo y la incertidumbre, con la tranquilidad de quien ya sabe por experiencia que finalmente los puntos terminarán uniéndose y llegando hasta la solución.

Una vez que tengas los datos del problema, la estrategia para empezar a resolverlo y te hayas puesto en marcha, imprime velocidad, resuelve lo antes posible, crece rápido.

Otro de los talones de Aquiles en la resolución de problemas es no aplicar la solución rápidamente, sino esperar a ver si el problema se resuelve solo. Esto es algo que normalmente no pasa, y si pasa hay muchas posibilidades que la solución no sea la que más nos convenga.

Por eso, si ya tenemos todos los elementos para aplicar la solución al problema, hagámoslo cuanto antes. Ten en cuenta que, al igual que la solución es un proceso vivo, el problema también lo es, y si lo dejamos puede evolucionar hacia nuevos lugares, menos favorables para nuestros intereses.

Cada uno de nosotros debemos trabajar nuestro propio sistema de solución de problemas, un sistema que nos dé tranquilidad y que poco a poco termine por eliminar el estrés que siempre produce la incertidumbre.

Lo que sí te recomiendo es que apliques las tres técnicas: piensa a lo grande, empieza pequeño y crece rápido. Esta combinación de técnicas hará de tu método un sistema óptimo para la resolución de cualquier problema.

Mi método

Esta disciplina es la última de las ocho, y no es casualidad. Termina siendo un compendio de las otras siete, y es la disciplina que cierra el círculo que te ayudará a entrenar tu éxito.

Hablamos de la técnica para afrontar problemas, proyectos y tareas de la mejor manera posible, la más eficiente, la más interesante. En definitiva, la que nos interesa en cada momento.

¿Y cómo la practico? Pues aplicándola en todos los momentos y decisiones de mi vida, por poco importantes que parezcan.

Utilizo, como en el resto de disciplinas, la vida cotidiana para jugar, para entrenar y —esto es importante— para fijar los hábitos que después me harán reaccionar de manera rápida y automática cuando estemos en directo.

Como decía una buena amiga, «la mejor improvisación es la perfectamente entrenada».

Por eso, plantéate cada problema con este sistema:

— **Piensa a lo grande**: busca soluciones crecederas, no te limites a una solución de compromiso, aléjate del problema para poderlo ver bien, estudiar su contorno, su tamaño, sus consecuencias, elimina las barreras y límites, plantéatelo todo, visualiza las soluciones —tanto las simples como las complejas—, evalúa el esfuerzo.

— **Empieza pequeño**: lo más importante es llegar a la solución, a la mejor posible. Que la incertidumbre no te impida avanzar hacia la resolución del problema, que la solución del problema no te produzca nuevos y más grandes problemas que solucionar: sé prudente.

— **Crece rápido:** avanza rápido hacia la solución. Esto te permitirá solucionar este problema y pasar al siguiente, o fracasar en la resolución y tener tiempo para diseñar otra estrategia.

Si aplicas estos tres paso a la resolución de los problemas más simples que te encuentres en el día a día, tu cabeza estará preparada para, cuando lleguen las crisis y los grandes problemas, resolverlos aplicando el método y con la tranquilidad de ya saber que funciona, y que funciona bien.

Los primeros pasos del dragón

Y así pasaron los diez días de recuperación que me quedaban. Entre lecturas, cuentos, ideas y anotaciones, terminaba el medio mes más intenso que me he dedicado en mi vida, centrado en mí, solo conmigo, un tiempo de crecimiento fundamental.

En unos días me reenganché a mi vida normal; podría decirte que con un espíritu renovado, siendo un mejor yo, pero la verdad es que en pocos días olvidé por completo el libro y muchas de las cosas que había aprendido, seguí con mi vida, olvidé al Dragón.

Volví a España y me reencontré con los míos; atesoraba una gran experiencia, un dominio completo del inglés, miles de anécdotas y vivencias... Definitivamente, había crecido muchísimo con la experiencia, y sin embargo las Ocho Disciplinas del Dragón no habían dejado huella, o eso creía yo.

No fue hasta diez años después, en un momento de los que te brinda la vida, una encrucijada, un punto de inflexión, cuando vino a mi mente el recuerdo de aquella quincena, de aquel libro rojo, de aquellas anotaciones en las páginas vacías, y busqué el libro en la caja de recuerdos de Estados Unidos, sin mucha fe; no recordaba haberlo traído.

Al abrir la caja de recuerdos, el primero, allí estaba: *Las Ocho Disciplinas del Dragón*, y en ese momento sí cambió mi vida. Decidí poner en marcha el método, utilizar la disciplina del hábito para cambiar todo lo que no me gustaba de mí, para obtener las herramientas que necesitaba, para organizar mi cabeza y conseguir mis objetivos, para reducir al mínimo el vértigo de la incertidumbre, para volver a creer en mí.

Y de esto hace ya veinte años, tiempo que me ha servido para interiorizarlo completamente, para adaptarlo y ajustarlo, para ponerlo a prueba, para terminar de escribir las páginas que faltaban.

Por eso ahora me decido a publicarlo, a ponerlo a tu disposición, a recomendártelo, a ofrecértelo, como me fue ofrecido a mí hace ya treinta años.

Yo continuaré usándolo, pues ya es parte de mí. Seguiré adaptándolo a las circunstancias y momentos de mi vida. Es un método vivo, que crece y se transforma según las necesidades, y que cada día me sigue permitiendo buscar respuestas que me guíen a nuevas e inquietantes preguntas.

Ahora es tu turno; tú decides si quieres adentrarte en este viaje, si quieres entrenar y trabajar tu éxito día a día.

Patrocinio

Este libro está patrocinado por **Vook**.

Vook es un nuevo formato para guías y libros de no ficción: *videolibros*.

Un formato que permite acceder a todo el contenido sin necesidad de leer los libros. Los *vook* funcionan como audiolibros: podrás escuchar al locutor mientras realizas otras actividades o, como videolibros, podrás seguir los diferentes vídeos donde, apoyados por infografías, un presentador narra el contenido de estos libros.

Web: **www.vook.es** | **www.videolibros.es**
E-mail: **info@vook.es**

Autores para la formación

Editatum y GuíaBurros te acercan a tus autores favoritos para ofrecerte el servicio de formación GuíaBurros.

Charlas, conferencias y cursos muy prácticos para eventos y formaciones de tu organización.

Autores de referencia, con buena capacidad de comunicación, sentido del humor y destreza para sorprender al auditorio con prácticos análisis, consejos y enfoques que saben imprimir en cada una de sus ponencias.

Conferencias, charlas y cursos que representan un entretenido proceso de aprendizaje vinculado a las más variadas temáticas y disciplinas, destinadas a satisfacer cualquier inquietud por aprender.

Consulta nuestra amplia propuesta en www.editatumconferencias.com y organiza eventos de interés para tus asistentes con los mejores profesionales de cada materia.

Nuestras colecciones

Guías para todos aquellos que deseen ampliar sus conocimientos sobre asuntos específicos, grandes personajes, épocas, culturas, religiones, etc., ofreciendo al lector una amplia y rica visión de cada una de las temáticas, accesibles a todos los lectores.

Guías para gestionar con éxito un negocio, vender un producto, servicio o causa o emprender. Pautas para dirigir un equipo de trabajo, crear una campaña de marketing o ejercer un estilo adecuado de liderazgo, etc.

Guías para optimizar la tecnología, aprender a escribir un blog de calidad, sacarle el máximo partido a tu móvil. Orientaciones para un buen posicionamiento SEO, para cautivar desde Facebook, Twitter, Instagram, etc.

Guías para crecer. Cómo crear un blog de calidad, conseguir un ascenso o desarrollar tus habilidades de comunicación. Herramientas para mantenerte motivado, enseñarte a decir NO o descubrirte las claves del éxito, etc.

Guías prácticas dirigidas a la salud y el bienestar. Cómo gestionar mejor tu tiempo, aprenderás a desconectar o adelgazar comiendo en la oficina. Estrategias para mantenerte joven, ofrecer tu mejor imagen y preservar tu salud física y mental, etc.

Guías prácticas para la vida doméstica. Consejos para evitar el cyberbulling, crear un huerto urbano o gestionar tus emociones. Orientaciones para decorar reciclando, cocinar para eventos o mantener entretenido a tu hijo, etc.

Guías prácticas dirigidas a todas aquellas actividades que no son trabajo ni tareas domésticas esenciales. Juegos, viajes, en definitiva, hobbies que nos hacen disfrutar de nuestro tiempo libre.

Guías para aprender o perfeccionar nuestra técnica en deportes o actividades físicas escritas por los mejores profesionales de la forma más instructiva y sencilla posible,

El Arte de la Prudencia

- Prólogo
- Introducción
- Estrategias
- Investigación de mercados
- Programación y desarrollo del producto
- Canales, partners y alianzas
- Comunicación integral
- Equipo
- Los profesionales del marketing

GuíaBurros El Arte de la Prudencia es una obra de original de Baltasar Gracián enfocada a los profesionales del *marketing*

+INFO
http://www.elartedelaprudencia.guiaburros.es

www.ingramcontent.com/pod-product-compliance
Lightning Source LLC
Chambersburg PA
CBHW032135040426
42449CB00005B/251